www.ingramcontent.com/pod-product-compliance
Lightning Source LLC
Chambersburg PA
CBHW050015230526
45470CB00003B/979
9781979318631

نکات مهم در برندینگ
Important Points for Branding

عنوان و نام پدیدآور: نکات مهم در برندینگ / فرزاد حسنی.

مشخصات نشر: امریکای شمالی/کالیفرنیا/F&H Media

مشخصات ظاهری: ۷۲ص.

موضوع: تبلیغات، بازاریابی

Important points for Branding | Farzad Hassani

© Farzad Hassani 2017

Farzad Hasani is hereby identified as the author of this work in accordance with Section 77 of the Copyright, Design and Patents Act 1988

Cover & Layout: F&H Media

All rights reserved. No part of this publication may be reproduced, stored in retrieval system, or transmitted, in any form or by any means, electronic, mechanical, photocopying, recording or otherwise, without the prior permission of the author.

This book is sold subject to the condition that it shall not, by way of trade or otherwise, be lent, resold. Hired out or otherwise circulated without The author's prior consent in any form on binding or cover other than that in which it is published and without a similar condition including his condition being imposed on the subsequent purchaser.

نکات مهم در برندینگ / فرزاد حسنی

نوبت چاپ: اول- پاییز ۹۶

قیمت: $۸ دلار

همه حقوق این اثر محفوظ است.

فهرست

پیش درآمد ۵
مقدمه ۹
چگونه یک برند خوب ظاهر می شود؟ ۱۲
۹ اصل برای برندینگ ۱۳
اصل اول – مطلب را ساده کنید ۱۳
اصل دوم - با تولید واژه، برندها شکل می گیرد ۲۱
اصل سوم - برند هایی که در کانون توجه بوده اند ۳۲
متفاوت بودن بهتر است ۳۵
اصل چهارم - تنوع گرایی کلید مسأله است........................ ۳۹
اصل پنجم - مزیت اولین برند ۴۳
اصل ششم - از برندهای فرعی به هرقیمتی اجتناب کنید ۴۷
اصل هفتم - تفاوت برداشت ذهنی در مقابل کیفیت ارائه شده ۵۱
اصل هشتم- استوار و صبور باشید ۵۷
اصل نهم- تعریفی از برند تان ارائه دهید ۶۱
فهرست منابع:.. ۷۲

پیش‌درآمد

به طور کلی هر مفهومی برای تبیین نیاز به تعریف دارد. بسیاری از مفاهیم در نزد متخصصان گوناگون تعابیر متفاوتی دارد. از آنجا که هر کدام از محققین با توجه به چارچوب ذهنی خود به مفهوم مورد نظر می‌نگرند، تعدد تعاریف و تعابیر امری طبیعی و غیر قابل اجتناب می‌باشد. برند نیز از جمله مفاهیمی است که تعابیر مختلفی از آن وجود دارد.

انجمن بازاریابی آمریکا (۱۹۶۰) برند را این‌گونه تعریف می‌کند:

«یک نام، واژه، سمبل، یا طرح یا ترکیبی از آن‌ها است که هدف آن شناساندن محصولات و یا خدمات یک فروشنده یا گروهی از فروشندگان به مشتریان و همچنین تمایز محصولات آن‌ها از سایر رقبا می‌باشد. یک برند، به یک محصول یا خدمت ابعادی را اضافه می‌کند تا آن محصول یا خدمت از سایرین متمایز گردد. این تمایزها می‌تواند کارکردی منطقی، یا ملموس و یا حتی غیرملموس داشته باشد.»

فیلیپ کاتلر نیز تعریفی مشابه با تعریف انجمن بازاریابی آمریکا مطرح کرده است: «*یک نام، عبارت یا اصطلاح، نشانه، علامت، نماد، طرح یا ترکیبی از آنها که هدف آن معرفی کالا یا خدمتی است که یک فروشنده، یا گروهی از فروشندگان عرضه می‌کنند و بدین وسیله آنها را از محصولات شرکتهای رقیب متمایز می‌سازند.*»

البته تعاریف مطرح شده جامع و مانع نیستند چراکه انتقادهایی بر آن ها وارد می‌باشد. شاید اولین انتقاد بر تعریفی باشد که انجمن بازاریابی آمریکا از برند مطرح کرده است. در تعریف انجمن بازاریابی آمریکا بیشتر بر محصول و ویژگی های ظاهری آن متمرکز شده است . درحالی‌که برندها نه تنها برای محصولات مصرفی بلکه برای مکان‌ها، سازمان‌ها یا مردم نیز به کار می‌روند.

از طرفی برای مدت‌های مدید ، برندها صرفاً قسمتی از کالای فیزیکی بودند که اغلب تعاریف مرتبط با آن در چندین دهه اشاره به لفظ، یا نام و یا یک نشانه داشته است. امروزه برندها بیش از آن هستند؛ یک برند مجموعه ای از انتظارات را نشان می‌دهد ، به اعتماد و ثبات اشاره دارد و به صورت مجموعه‌ای از انتظارات تعریف می‌شود.

برندینگ یا برندسازی، فِعلی است که در نتیجه آن سطح احساسی و عاطفی مرتبط با یک محصول یا خدمت(شرکت) افزوده می‌گردد، بدین وسیله ارزش آن برای مشتریان و سایر ذینفعان افزایش می‌یابد. این محققین ارزش یک برند را به طور معناداری مرتبط با دلبستگی احساسی ذی‌نفعان(مشتریان) نسبت به برند می‌دانند و بر اهمیت ایجاد چنین ارتباطی تأکید ویژه دارند.بسیاری از تحقیقات اخیر بازاریابی مصرف کننده، به نتایج ثابتی در مورد اصول برندسازی احساسی رسیده‌اند.

برخی از محققین حوزه برند، برندسازی را در ایجاد ارزش برند خلاصه کرده اند. وین جاموری در این خصوص اظهار می‌کند وقتی در مورد برندسازی سخن می‌گوییم در حقیقت منظورمان، فرایند ایجاد ارزش برند است. از دهه گذشته تاکنون شاهد یک روند رو به رشد برندسازی شرکتی نسبت به برندسازی محصولی بودیم. هدف برندسازی شرکتی ایجاد وضعیتی مطلوب برای نام و نشان سازمان از طریق ذی نفعان مختلف خود می‌باشد. ناکس و بیکرتون برای برندسازی شرکتی همان تعریف سنتی برندسازی محصول را قائل هستند به این صورت که هدف هر دو آنها ایجاد تمایز و ترفیع نسبت به سایر برندهای موجود می‌باشد. البته این نویسندگان اعتقاد دارند برندسازی شرکتی بسیار پیچیده‌تر می‌باشد چراکه نیازمند مدیریت مناسب تعاملات کلیه ذی‌نفعانی است که به لحاظ ویژگی با یکدیگر متفاوت می‌باشند. آکر نیز اعتقاد دارد یک برند شرکتی(برندسازمانی) می‌تواند نیرویی اهرمی،هم افزایی و شفافیت ایجاد کند. بخصوص زمانی که محیط پیچیده و مغشوش باشد.در بخش خصوصی اهمیت برندسازی به قدری است که جزئی اساسی از استراتژی در سطح کلی سازمان را تشکیل می‌دهد. این موضوع باعث شده استراتژی برند در استراتژی کلان سازمان از جایگاه ویژه ای برخوردار باشد.

طبق نظر آلن میشل ، مدیریت برند(Branding Managment) ، باورها و ارتباطات شفاف، هدفمند و پایداری است که شرکت‌ها بر اساس آنها برای مشتریان هدف خود ارزش آفرینی می‌کنند و به نوعی برند خود را مدیریت می‌کنند.

وی مدیریت برند را جزء لاینفک برندسازی معرفی کرده و اعتقاد دارد هرگز برندی صرف انجام مجموعه فعالیتی تحت عنوان «ایجاد برند»، ساخته نمی‌شود به دلیل آنکه برای شکل گیری یک برند عوامل متعددی دخیل می‌باشند.

کاپفرر مدیریت برند را در داشتن استراتژی برای برند خلاصه می‌کند. برای مدیریت کردن یک برند، داشتن استراتژی یک ضرورت محسوب می‌شود. استراتژی برند، عنصری ضروری و نیروی محرکه ای تعیین کننده برای برنامه های بازاریابی شرکت‌ها محسوب می‌شوند. تثبیت موقعیت یک برند نسبت به رقبا و هدف قرار دادن مصرف کنندگان خاص، قیمت گذاری منطقی، ارتباطات با شرکا و هرگونه سیاستی که برای حمایت از برند صورت می‌گیرد از جمله عواملی است که در این خصوص از اهمیت بالایی برخوردار می‌باشد.

کتاب حاضر با هدف معرفی اصول اساسی در برندینگ تدوین شده و در اختیار محققین و پژوهشگران،مدیران و کارشناسان حوزه تبلیغات ،بازاریابی و روابط عمومی قرار می گیرد . امیدوارم مکتوب حاضر بتواند در ارتقا سطح دانش و آگاهی مخاطبین مفید و مؤثر واقع شود .

فرزاد حسنی

مقدمه

موفقیت محصولات، خدمات، اشخاص، سازمان ها و یا حتی یک شهر بر این اساس است که چگونه به‌طور خاص درک می شوند. با نگاه به هر رئیس فروشگاهی بر این امر واقف خواهید شد که وی جایگاهی را در ذهن مشتریان دارد. آنها به طور حتم با ویژگی های منحصر به فرد، خودشان را نسبت به دیگر رقیبان متمایز می کنند. برندینگ جایگاهی برای افراد در ذهن مشتریان ایجاد می کند و مشتریان را مالک این جایگاه می سازد. بیشتر از امر بازاریابی، برندینگ تأثیر ماندگاری در به خاطر آوردن اشخاص خواهد داشت. برنامه موفق برندینگ می تواند بر اساس تمایز منحصر به فرد از خودتان باشد. یک برند موفق عبارت است از این مفهوم که هیچ محصول، خدمت، سازمان و یا اجتماعی همانند شما وجود ندارد. خواه این تمایز در نتیجه ی کاربرد، شکل، سهولت در استفاده و هزینه باشد و یا اعتباری باشد و به عقیده مشتریان، شما چیزی استثنایی را پیشنهاد کرده باشید.

فاکتورهایی که در برندینگ یک سازمان تأثیر گذار هستند می توانند هم ملموس و هم غیر ملموس باشند. از جمله این فاکتورها دکور فروشگاه، آراستگی ظاهری

شخص، فلسفه ی تشکیل سازمان، کیفیت محصول/خدمات، طراحی مطالب جهت چاپ و ارزش افزوده خدمات می باشد که تنها بخشی از این موارد است. این تمام آن چیزی است که همیشه آنها را می بینند، لمس می کنند، می شنوند و بلافاصله شما را از محیط رقابتی متمایز می سازند.

به عبارت دیگر برند شما تصویری است ازشما که ازبیرون دیده می شود. برند شما عبارت است از توانمندی، کمال و شهرت و آنچه که شما هستید. در واقع برند تنها چگونگی نمایش لوگوی شما نخواهد بود،بلکه پاسخ ذهنی است که در مخاطبان نهایی تان ایجاد می گردد.

نقش بازاریابی عبارت است از ایجاد تصوری از یک برند در ذهن مشتر. اجازه دهید که با بازی ساده با کلمات، برای شما مفهوم برندینگ را توضیح دهم. من به شما یک واژه خواهم داد و از شما می خواهم که به افکار خاصی که با شنیدن این واژه دائما به ذهن شما خطور می کند، توجه داشته باشید.

خوب آماده باشید......

- آن واژه «**آی پاد**» است.

چه اتفاقی افتاده است ؟ با شما شرط می بندم که شما نه به سی دی و نه به ایکس باکس فکر کرده اید. آیا به mp3 اپل فکر کرده اید؟در مورد پخش موسیقی از اینترنت چطور؟آیا شما لوگوی آی پاد و یا اپل را تصور کرده اید؟ آیا تفکرتان دارای ارزش است و یا ارزشی ندارد؟

اجازه دهید دوباره آن را امتحان کنیم. این بار واژه ی مورد نظر «**کُداک**» است. این بار چه اتفاقی می افتد؟ فیلم یا عکس؟ درست است؟ آیا شما رنگ طلایی روی بسته

آنها را تصور کرده اید؟ آیا تفکرتان دارای ارزش است و یا ارزشی ندارد؟شاید بشود به آن اعتماد کرد.

این تمرین ،مفهوم برندینگ را نشان می دهد. « کُداک» و «آی پاد» در ذهن ما تصاویر و مفاهیمی را خلق می کنند که توجه مان را جلب می کنند. این اتفاق زمانی صورت می گیرد که چنین واژه هایی در برند های شرکتشان یافت می شود. در مورد تأثیر آنها صحبت کنید.

در حال حاضر اجازه دهید برای یک ثانیه به عقب برگردیم. هنگامی که یک شرکت تأسیس می شود چه اتفاقی رخ می دهد؟به طور معمول دو یا سه نفر به عنوان مؤسس شرکت وجود دارند. هنگامی که۶ ماه از عمر هاولت پاکارد (Hewlett-Packard) می گذشت، مردم با اسم آن چه چیزی برایشان تداعی می شد؟

نام Dave Pakard, Bill Hewlett یک برند ساخته بود. در حال حاضر برند HP که از ابتدای نام های این دو ساخته شده ،پیشرفت کرده است. در شرکت آنها سرمایه ی اصلی از کجا تأمین می شود؟ پاسخ روشن اسا :"از نام هاولت پاکارد."

اگر کارکنان شرکت ناگهان ناپدید شوند و من و شما سرمایه ایی داشته باشیم و بخواهیم شرکت جدیدی تأسیس کنیم که با نام تجاری HP باشد، از دیدگاه شما بهترین راه نخواهد بود؟پاسخ روشن است. البته که همین طور است. به این خاطر که نام تجاری HP ارزش شرکت را می سازد.

چگونه یک برند خوب ظاهر می شود؟

از دیدگاه تجاری امر برندینگ در یک فروشگاه، مشابه امر برندینگ در یک مزرعه یا چراگاه است. در مزارع و چراگاه های بزرگ و مدرن ،یک برنامه ی کارآمد به منظور تمایز قایل شدن بین گاو شما و احشام دیگر طراحی و پیش بینی شده است،حتی اگر تمامی احشام موجود در مزرعه بسیار به یکدیگر شبیه باشند.

برنامه ی موفق برندینگ بر اساس خصوصیات انحصاری طراحی می شود و در ذهن مشتری این مفهوم را تداعی می کند که در فروشگاه محصولی همپای محصول شما وجود ندارد.

۹ اصل برای برندینگ

ما در ادامه بحث ۹ اصل اساسی از یک برنامه ی خوب برندینگ را ارائه خواهیم داد. مطمئن هستم که اصول دیگری بیشتر از اصول ارائه شده در اینجا نیز وجود دارد اما این اصول هم مورد علاقه ی من هستند و هم به نظرم اهمیت بیشتری دارند .

اصل اول – مطلب را ساده کنید

یکی از مشکلات متداول مردم در امر بازاریابی و برندینگ این است که زیاد توضیح می دهند. من به دلیل چنین مشکلی پی برده ام. تولید یک محصول در سطح جهانی بسیار سخت است. بسیار می توان در خصوص بهتر بودن تأثیر گذاری کارمندان آشنا نسبت به دیگر کارمندان بحث کرد.

اگر شما اطلاعات خوب و ارزشمندی در مورد موضوعی داشته باشید به محض طرح موضوع، شما به خودتان افتخار می کنید و چیزی را ناگفته نخواهید گذاشت.

همچنین حقیقت این است که اگر شما پر حرفی کنید کسی گوش نخواهد داد.پس ساده کردن مفاهیم و ایجاز یکی از اصول مهم در برندسازی است .

با توجه به آزمایشات جامعه شناسان آدم آلتر و دانیل اوپنهایمر، مردم تمایل زیادی به نام‌ها و کلماتی دارند که تلفظ آنها ساده باشد. آنها ادعا می‌کنند که تمایل مردم به نام‌های ساده، حتی در بازار سهام نیز وجود دارد و این امر موجب افزایش اقبال عمومی به شرکت‌ها با نام‌های ساده می‌شود و حتی در قیمت سهام آنها نیز موثر است.

برای آزمودن‌این نظریه در محیط کنترل شده، آنها در ابتدا شرکت‌هایی با نام‌های غیر واقعی ساختند، برخی با نام‌های بسیار ساده و برخی با نام‌های بسیار سخت. سپس به شرکت‌کنندگان در این آزمایش گفتند که این ها شرکت‌های واقعی هستند و از آنها خواستند تا آینده قیمت سهام این شرکت‌ها را پیش‌بینی کنند.

نتیجه آزمایش نظریه را تأیید کرد. نه تنها شرکت کنندگان پیش‌بینی کردند که قیمت سهام شرکت‌ها با نام ساده‌تر (Vander, Tanley,...) به نسبت شرکت‌ها با نام‌های پیچیده مانند (Sagxter, Fruiori, Xagibdan,...) بهتر عمل می‌کنند، بلکه پیش‌بینی غالب این بود که سهام شرکت‌ها با نام‌های سخت‌تر دچار افت قیمت می‌شوند.

برای آزمودن این نظریه در دنیای واقعی، آلتر و اوپنهایمر سهام ۸۹ شرکت را که در بازار بورس نیویورک فعالیت می‌کردند و در سال‌های ۱۹۹۰ تا ۲۰۰۴ سهام آنها عرضه عمومی شده بود را به طور تصادفی انتخاب کردند. سپس رابطه‌ای بین سادگی تلفظ نام آنها و عملکرد قیمت سهام در یک روز، یک هفته، شش ماه و یک سال

بعد از عرضه عمومی بررسی کردند.آنها دریافتند که اگر فردی ۱۰۰۰ دلار در سهام ۱۰ شرکت اول که نام ساده‌ای داشتند سرمایه‌گذاری می‌کرد به نسبت کسی که همین مبلغ را در ۱۰ شرکت با نام‌های پیچیده سرمایه‌گذاری کرده، در یک سال حدود ۳۳ درصد سود بیشتری به دست می‌آورد.

آیا این به آن معنی است که سهام شرکت‌ها با نام‌های ساده‌تر، عملکرد بهتری دارند؟ نه لزوماً، این مطالعات به صورت میانگین نشان‌دهنده این امر بود و در نهایت عملکرد تک تک سهم‌ها بهتر نبوده است. ولی طبق تحقیقات مدیریتی انتخاب نام مناسب برای محصول، چه کالا چه خدمات، یکی از عوامل موفقیت محصول است. کسی تمایل ندارد هنگام خرید کردن با تلفظ نادرست نام محصول، مورد تمسخر فروشنده قرار گیرد یا هنگامی‌که بین دوستان یا در حضور دیگران از محصول مورد نظر صحبت می‌کند با تلفظ نام نادرست دچار اشتباه شود.

در دوران انفجار اینترنت در اواخر دهه ۹۰ تا سال‌های اخیر، نام‌های عجیبی در دنیا ظاهر شد:یاهو، گوگل، بینگ و... ،که بعضاً با ریشه‌های لاتین، ترکیبی از نام‌های جدید با ریشه‌های قدیمی داشتند. این نام‌ها برخلاف مطالعات انجام شده توسط آلتر و اوپنهایمر بسیار مورد استقبال قرار گرفتند.

مردم در مراحل خرید مهارت های زیادی کسب کرده اند

پیشنهاد من نادیده گرفتن ارتباطاتتان نیست و لازم نیست فرض کنید که مستمعین شما در درک پیام شما خیلی باهوش نیستند. بلکه برعکس فرضیه ی من این است که مستمعین شما اگر به مطلب شما توجه کنند آن را خوب درک خواهند کرد.

به برنامه ی روزانه تان فکر کنید. به طور معمول چند بار در طول روز با انواع مسائل مرتبط با امر فروش در ارتباط هستید؟ شما هرورز صبح بیدار می شوید و مثلاً یک فنجان چای یا قهوه می نوشید ،روزنامه می خوانید و سپس به سر کار می روید. ظرف مدت ۳۰ دقیقه که شما پشت میز صبحانه نشسته اید و روزنامه یا مجله ای را ورق می زنید به صورت مستقیم و غیر مستقیم در معرض برندهای مختلف هستید و طبق برآورد ۳۰ عدد تبلیغات چاپ شده در روزنامه یا مجلات، ۱۸ عدد تبلیغات تجاری تلویزیونی و حتی اطلاعات موجود بر روی جعبه ی کالاهای موجود در آشپزخانه را مشاهده خواهید کرد.

چنین تبلیغاتی درطراحی بسته بندی قهوه وشیر و هر آنچه که در آشپزخانه ی شما یافت می شود، کاربردی نخواهد داشت. آستانه تحمل شما تا ۳۰ دقیقه است و این مراحل می توانند تا ۵۰ بار تکرار شوند. چنین مسائلی در تمام طول روز ادامه خواهند داشت تا آنکه شما بخواهید بخوابید. احتمالاً شما در طول روز با ۵۰ و یا ۱۰۰ عدد از پیام های تبلیغاتی مواجه خواهید شد. با پیدایش دستگاه های ضبط دیجیتال،امکان ادغام آگهی های تبلیغاتی با یکدیگر فراهم شده است. برخی از افرادی حوزه تبلیغات از این مسأله ابراز ناخرسندی می کنند چرا که معتقدند که این کار موجب آسیب رساندن به نام تجاری موجود خواهد شد. اما واقعیت این است که در طول پخش تبلیغات تلویزیونی ما خودمان را ملزم می کنیم که با آن هماهنگ باشیم.

بنابراین با وجود چنین مسائلی در امر تبلیغات، پیامتان چطور ورای دیگر تبلیغات شنیده خواهد شد؟ به عنوان یک استراتژی معمول در خلق یک پیام می توان به استفاده از عوامل طنز اشاره کرد. باورما این است که اکثر مردم توجه شان به چنین

تبلیغاتی جلب خواهد شد. مطالعات انجام شده در صنعت تبلیغات گواهی است بر صحت این مطلب.

تنها روش کارآمد دیگری که می تواند پیام شما را نسبت به دیگر پیام ها متمایز کند،این است که پیامتان ساده و منحصر به فرد باشد و در مرکز توجه قرار گیرد. این مشتری شما است که آن را انتخاب می کند و به آن توجه می کند. لازم است که پیام شما ساده باشد ، به این خاطر که محدوده ی توجه ما خیلی گسترده نخواهد بود.

کافی است تنها این کار را انجام دهید:

۱. پیامتان ساده و منحصر به فرد باشد

۲. و قدرتمند ظاهر شوید.

تصویر سازی از این پیام ساده، حمایت خواهد کرد. اگر یک کارشناس تبلیغات بخواهد برای نام تجاری «نایک» مطلبی بنویسد ،حتماً ازدادن توضیحات اضافه اجتناب می کند ،چرا که این برند یک برند شناخته شده است و حضور تصویری عنوان برند در تصویر یک تیزر کفایت می کند و کارشناس تبلیغات می تواند بدون اسم بردن از برند،مطلب و پیام مورد نظر را منتقل کند. به این متن تیزر توجه کنید :

" تنها قدم بزنید ، بدوید ، دوچرخه سواری کنید، شنا کنید، به اسکی بپردازید و یا برای کاهش وزن اقدام کنید. "

این تمام آن چیزی است که شما می خواهید باشید. یک مثال دیگر برای یک پیام ساده این است:

"شما به هر کجا که بخواهید می توانید سفر کنید ،چرا که شما ویزا کارت دارید. "

زمان و مکانی را برای ارائه جزئیات اختصاص دهید

خصوصیات و مشخصات بسیاری وجود دارند که شرکت ها و محصولاتشان را موفق و متمایز می سازند. خریداران خاص محصولات می خواهند از این خصوصیت ها مطلع شوند اما آنها اغلب پس از آنکه به محصول علاقه مند شدندف به آن پیام گوش می دهند.

یک مثال ساده می زنیم . به برندن ال .جی توجه کنید .می دانید که آنها شبکه وسیع و گسترده ارائه خدمات پس از فروش دارند. آنهاکارهایی را که مستقیم با کارشان در ارتباط است انجام می دهند، اما مهمترین اقدامشان این است که در حیطه ی تعمیرات توجه خاصی به مشتریان شان نشان دهند. آنها اقداماتی را در جهت کار شان انجام می دهند ، اما مهمترین کارشان عبارت است از توجه خاص به مشتریانشان در طی پرداختن به کار تعمیرات.

آگهی هایی که ما برای آنها طراحی می کنیم در ارتباط با مشتریانشان است و به همان شیوه ایی ارائه می شود که آنها می خواهند.

تعمیرکار و نصاب این شرکت در بدو ورود به منزل خریدار،موظف به رعایت یک سری الزامات است تا در طول ارائه خدمات کوچکترین صدمه و آسیبی به منزل خریدار وارد نکند و بعد از پایان ارائه خدمات نیز در محل کار خود چیزی را به هم نریزد .

ما در مورد این شرکت هیچوقت فراموش نخواهیم کرد که این شرکت کاملا به امنیت و آسایش خریداران و خانه آنها توجه دارد و خانه خریدار را همچون خانه خود تصور می کند .

بعد از مشاهده آگهی تبلیغاتی،که موجب جلب توجه می شود، طبیعی است که مدیران بخواهند از صحت کار آنان ، نحوه طراحی شان و سهم اصلی کارمندان در شرکت اطلاعاتی بدست آورند. اینها همان چیزهایی هستند که به کارگیری ابزارهایی نظیر وب سایت ها و بسته های اطلاعاتی(مالتی مدیاها یا چند رسانه ای ها،کاتالوگ ها و ...) می تواند در اختیار مشتری یا ذی نفع قرار دهند .

مهارت و شجاعتتان را در ارائه یک پیام ساده نشان دهید

چرا هر شرکتی هنگامی که به بازاریابی خدمات و محصولاتش می پردازد از این قوانین پیروی نمی کند؟

مشتریان ما اغلب با هر جزئیاتی آشنا بوده و هدفشان تعیین و تفکیک مهمترین اطلاعاتی است که ما برای خریداران ارائه می کنیم . برای ساختن محصولات و سازمان هایی در سطح جهانی، نیازمند توجه به هر جزئیاتی هستیم. هنگامی که زمان بازاریابی فرا می رسد معمولاً می گوییم:"من می فهمم که بسیاری از این مسائل جزئی و بی اهمیت هستند و تنها مسائل بزرگ می تواند توجه مردم را جلب کند." اینکه بخواهیم همه مسائل را کنار بگذاریم و تنها به یک مفهوم توجه کنیم ،مطلوب به نظر نمی رسد. بنا به دلیلی با ارائه بحث در حد کافی، احساس امنیت بیشتری خواهید داشت. مطمئن باشید وقتی که شخصی که می گوید" تنها آن را انجام بده" نگران خواهد بود چرا که فکر می کند که شرکت نایک(Nike) آن را بی مفهوم و یا امری بسیار ساده می انگارد. دلیل دیگری که باعث می شود این امر ساده به نظر برسد این است که پیام اغلب پیچیده است. با ارائه ی پیام به روش ساده و قابل فهم

چطور می توانیم محصولمان را به بازار عرضه کنیم؟ چه واژه ها و تصاویری می توانیم استفاده کنیم تا پیام ما ساده و قابل فهم باشد؟ این یک رقابت است اما اگر بخواهید که مردم به پیام شما گوش دهند، یکی از روش های ممکن آن است که راهی را بیابید که ساده باشد.

اصل دوم – با تولید واژه، برندها شکل می گیرد

در طول دوره ی " دات کام (dot com)" همواره این طنز شنیده می شود که دات کام چیزی جز یک طرح رمزی جهت انتقال ثروت از حوزه ی ثروتمندان به حیطه ی بنگاههای تبلیغاتی نبوده است. فرض می شده که این یک لطیفه باشد. اما امروزه خیلی جذاب به نظر نمی رسد. بسیاری از شرکتهای بزرگ تلاش می کردند که از طریق تبلیغات ، برندی با کارایی بالا بسازند اما در عمل آن کارایی را نداشت. پرسش این است که چرا اینگونه نشد؟

ساختن یک برند تنها از طریق تبلیغات کاری بسیار دشوار است

یکی از مطالب بسیار زیادی که می توان از دوره ی "دات کام " آموخت این است که با پول زیاد نمی توان مفهوم واژه را خرید و یا به آگاهی در زمینه ی یک برند پرداخت. اَل و لورا رایس در کتابشان با عنوان «۲۲ قانون تغییر ناپذیر برندینگ» مطالب زیر را ارائه داده اند:

ابداع یک برند با تبلیغات تحقق می یابد و نه با آگهی. با استمرار بر چنین استدلالی ، با خلق یک برند برای دست نخورده ماندن آن نیازمند آگهی هستیم.
اگرچه این مطلب همیشه درست نیست اما نیازمند بررسی است. اکثر برنامه های دات کام که به دنبال ساختن برند ها از روی آگهی های تبلیغاتی بوده اند، شکست خوردند. آنها بودجه را صرف تبلیغات کرده اند و سپس ما آنها را فراموش کرده ایم. مطمئن نیستم که بسیاری از این نام ها برای اولین بار در ذهنشان تداعی شده باشد. تعداد کمی از آنها که باقی مانده اند ، برند هایشان را از طریق رسانه ها ساخته اند. آمازون دات کام گاهی اوقات در هر جایی از رسانه ها وجود داشتند و انواع رسانه های ملی و محلی از ارائه داستانشان ابراز خرسندی می کردند. بعضی مواقع دچار خطا می شدند و گاهی کارشان را درست انجام می دادند. بنابراین بعضی از کارهای دات کام را انجام می دادند.

تحقق یک برنامه ی روابط عمومی یا PR در سطح گسترده آسان و در عین حال سخت است

اصول ساخت یک برنامه ی PR در سطح گسترده تغییر نکرده است ،خواه شما بخشی از سایت آمازون دات کام باشید و به فروش در سطح جهانی بپردازید و یا به امر تجارت در سطح محلی و یک فروشگاه کوچک اقدام کنید. در روند توسعه ی برنامه های PR برای مشتریان از برخی از قوانین ساده استفاده کرده ایم .
اصطلاح روابط عمومی، ترجمه واژه انگلیسی Public Relations برای نخستین بار در آمریکا در اتحادیه راه آهن به کار برده شد و در ایران نخستین بار در شرکت

نفت به کار رفته و دفتری در آن شرکت ایجاد شد. روابط عمومی را در زبان عربی (العلاقات العامه) ترجمه کرده اند. فعالیت های گوناگونی از روابط عمومی از سوی صاحب نظران، کارشناسان و مؤلفان کتابهای این رشته بیان شده است از جمله : رکس هارلو از پیشگامان روابط عمومی در جهان می گوید: روابط عمومی دانشی است که به وسیله آن سازمان ها آگاهانه می کوشند تا بر مسئولیت اجتماعی خویش عمل کنند و بتوانند تفاهم و پشتیبانی کسانی که برای توسعه اهمیت دارند را به دست آورند. در این باره انجمن روابط عمومی آلمان می گوید: روابط عمومی، تلاش آگاهانه و قانونی به منظور تفاهم و استقرار اعتماد و شناخت متقابل با عموم، بر اساس تحقیق علمی و عملی صحیح و مستمر، میسر است. انجمن جهانی روابط عمومی نیز گفته : روابط عمومی بخشی از وظایف مدیریت سازمان است و عملی ممتد، مداوم و طرح ریزی شده است که از طریق آن افراد و سازمان ها می کوشند تا تفاهم و پشتیبانی کسانی که با آنها سر و کار دارند را به دست آورند.

سازمان هایی که خلاقیت و نوآوری یکی از فاکتورهای مهم و درخور توجه در کارشان محسوب می شود هیچگاه به گذشته رضایت نداده و همواره با بهره گیری از ساز و کارهای خلاقانه ، تغییر در نگرش و رفتار را سرلوحه امور خویش می دانند. آنان به ایده های نو احترام می گذارند و با رغبت و حساسیت آنها را دنبال می نمایند.

یکی از واحدهای هر سازمان پویا، روابط عمومی آن سازمان می باشد و اگر این واحد، برخوردار از پویایی و خلاقیت باشد می تواند تحرک و نشاط را به تمامی سازمان منتقل سازد. اصولاً نوآوری در کارها و برنامه های روابط عمومی فعال یکی

از مؤلفه های اصلی به شمار می رود. با جهانی که هر لحظه در حال تغییر است روابط عمومی ها ناچارند به سمت ایده های نو گام بردارند.

رشد و شکوفایی ایده های خلاق در روابط عمومی علاوه بر سایر فاکتورها، مستلزم داشتن ویژگی ها و خصوصیات خاص رفتاری از سوی مدیران است. اگر زمینه های لازم برای ابراز خلاقیت محیا نباشد از خلاقیت و نوآوری خبری نخواهد بود. سازمان ها از نظر خلاقیت و جامه عمل پوشاندن به نظرات جدید اعضاء متفاوتند. مدیران توانمند هر سازمان با تسلط به برخی علوم مرتبط با رفتار سازمانی می توانند محیط مناسبی برای رشد خلاقیت و نوآوری ایجاد کنند. مدیران می توانند با شیوه های رفتاری خاص از جمله احترام به باورها و عقاید جدید و به کارگیری مدیریت استعداد، کارگزاران روابط عمومی را به خلاقیت و نوآوری تشویق کنند.

محول کردن بخشی از مسئولیت های مرتبط با روابط عمومی به کارگزاران و ارزش دادن به خدمت رسانی به مخاطبان نیز در رشد خلاقیت و نوآوری آنان مفید خواهد بود. مدیر می تواند توانایی و استعداد خلاقیت و نوآوری را در کارگزاران روابط عمومی ایجاد، ترویج و تشویق کند و یا رفتار و عملکرد او می تواند مانع این امر حیاتی در روابط عمومی شود.

داشتن توانایی عقلانی، گزینش سبک فکری ابداعی در مقابله با مشکلات احتمالی و انگیزش برای به فعل درآوردن ایده های جدید از سوی مدیران روابط عمومی می تواند در رشد این توانایی هم در سطح مدیریت و هم در سطح کارگزاران مثمر ثمر باشد.

با ایجاد علاقه، کارتان قابلیت انتشار خواهد یافت. سعی کنید به صورت مداوم و مستمر ارتباط خود را با رسانه های ارتباط جمعی مختلف حفظ کنید و به آنها در انعکاس اخبار و اطلاعات شرکت یا سازمانتان کمک کنید و در برخی موارد آخرین اخبار و اطلاعات و اتفاقات پیش آمده را در قالب خبر یا گزارش ارسال کنید . مثلاً برای مطبوعات آخرین اخبار از کارمندان جدیدتان و یا آخرین سطح ارتقای کاری آنان را. اما خودمانیم ،آیا به راستی این مثال همه اخباری است که ما می توانیم در جایی منعکس کنیم ؟این نوع اخبار برای چه کسانی می تواند جذاب باشد ؟ ممکن است برای شخصی که استخدام شده است و یا ارتقای شغلی یافته و همکارانش این نوع خبر جذاب باشد و یا به جز اینها حداکثر برای چند نفر از مدیران ارشد .

درست است که هدف ما ارائه مجموعه ایی از اخبار به منظور انتشار آن در روزنامه یا سایر رسانه هاست ، اما بیشتر از این هدف باید به ایجاد علاقه و مطرح کردن سوالاتی در مورد شرکت و محصولات آن نیز توجه داشته باشیم .

پس لازم است که به خبرنگار یا نویسنده خبر که قرار است در مورد شرکت شما چیزی بنویسد ،کمک کنید. اکثر شرکت ها در حوزه تولید محتوا برای خبر سازی ،برنامه یا پلن خاصی در روابط عمومی ندارند . جهت تولید خبر به شیوه ی خلاق، شما به تمرکز و اطلاعات نیاز خواهید داشت، این در حالی است که به آسانی می توان مسئولیت ارائه تبلیغات را به شرکت های خارجی و پیمانکاران مختلف واگذار کرد.

پس در تولید محتوا و خبر باید دقت ویژه ای داشته باشیم . تولید محتوا در روابط عمومی عمدتاً به طراحی و تولید پیام بر می گردد. بنابراین در تمامی فعالیت های

روابط عمومی که ماهیتاً جنبه ارتباطی دارد، پیام همواره حرف اول را می زند. این پیام ها به طور طبیعی محتوای فعالیت های روابط عمومی را تشکیل می دهد که یا به صورت شفاهی و یا به صورت مکتوب هستند.

به طور مثال، نشریه داخلی از منابع بسیار بزرگ و غنی پیام های روابط عمومی است که در حقیقت تولید محتوا در شاخه نشریه داخلی راتشکیل می دهد.

نکته دیگر در مقوله تولید محتوا، این است که ما باید کارکرد هر یک از این ابزارهای ارتباطی مکتوب را بدانیم و بشناسیم و در جای خودش از آن استفاده کنیم. مثلا یکی از ابهاماتی که هنوز بسیاری از روابط عمومی ها ممکن است توجه زیادی به آن نداشته باشند تفاوت بین کاتالوگ و بروشور است. معمولا برای این دو ابزار متفاوت به لحاظ محتوا و کارکرد، یک محتوای مشترک در نظر می گیرند و به همین دلیل گاهی بروشور ما یک کاتالوگ است و یا کاتالوگ به یک بروشور تبدیل می شود و عملا کارآیی لازم را ندارند.

البته هدف نیز بخشی از برنامه است. ما در تدوین هر برنامه ای باید در گام اول تحلیل موقعیت داشته باشیم. پس از این که تحلیل موقعیت انجام شد و مشکلات احتمالی را شناختیم باید تحقیقات بیشتری انجام دهیم و تا حل مشکل، مسیر را ادامه دهیم تا با پیاده شدن برنامه مورد نظر بتوانیم اهداف خود را پوشش دهیم.

اساسا در مرحله برنامه ریزی است که هدف های معینی را مشخص می کنیم و بر اساس این هدف هاست که محتوای معین ومشخصی را تولید می کنیم. تا زمانی که هدف و برنامه مشخص نباشد، تدوین یک محتوای اثر بخش ممکن نیست.

گام بعدی اجرای برنامه است و سپس کنترل و ارزیابی به ما نشان خواهد داد که پیام و یا محتوایی که تولید کرده ایم تا چه میزان معطوف به هدف بوده و نظر مخاطبان را جلب و تامین کرده است.

پس از ارزیابی و نظارت، بازخوردهایی را دریافت خواهیم کرد، که باید آنها را در برنامه های آتی مورد توجه قرار دهیم وتولید محتوا را با اعمال این بازخوردها کامل کنیم.

نکته دیگر این است که ما در تولید محتوا که از فعالیت های اساسی روابط عمومی است، نباید فقط به محتواهای مکتوب توجه کنیم. با آمدن فن آوری های جدید، غفلت از فضای مجازی و عدم بهره گیری از این فضا اصلا قابل توجیه نیست.

بسیاری از پیام ها و محتواهای موجود در روابط عمومی ها با انتقال به فضاهای مجازی، امکان و فرصت بیشتر و بهتری برای رسیدن به مخاطب پیدا می کنند. همچنین بسیاری از پیام های شفاهی با امکانات صوتی و تصویری موجود در فضای مجازی قابل انتقال هستند و از طریق فضاهای مکتوب این امکان را ندارند.

پس با توجه به جایگاه و اهمیت و الزامات عصری که در آن زندگی می کنیم، نباید از تولید محتواهای مناسب و بهره گیری از فضای مجازی برای انتقال به مخاطب غافل باشیم.

البته توجه به تولید محتواهای مکتوب وشفاهی در یک بستر متعادل و برنامه ریزی شده باعث خواهد شد که روابط عمومی ها بتوانند بیشترین و مؤثرترین بهره را از حداکثر فضاهای موجود به دست آورند و آن را در مسیر انجام رسالت های حرفه ای خود مورد استفاده قرار دهند.

یکی از نقش ها و وظایف اساسی روابط عمومی ها طراحی و ارائه تمام پیام هایی است که باید از طرف سازمان به مخاطبان ابلاغ شود. این پیام ها شامل پیام های شفاهی وکتبی هستند. در مورد پیام های کتبی بحث های زیادی صورت گرفته است. اما در باره ارتباطات شفاهی که هم در درون سازمان و هم دربیرون سازمان اهمیت بسیاری دارند باید تعامل و بحث های مؤثر بیشتری صورت گیرد.

به طور مثال زمانی که قرار است یک مدیر با مخاطبان خود در درون یا بیرون سازمان سخن بگوید، روابط عمومی نقش مهمی در خصوص تهیه محتوا و نحوه ارایه این سخنان دارد و باید به عنوان یک مشاور امین نقش خود را به خوبی و به طور مؤثر ایفا کند. اینجا هم بحث تولید محتوای مناسب است و باید روابط عمومی با شناختی که از افکار عمومی دارد و با اشرافی که به نیازها و خواسته های مخاطبان دارد، بتواند نقش خود را به خوبی انجام دهد.

پس روابط عمومی ها باید در شاخه تولید محتوای شفاهی هم دخیل و هم فعال باشند. امر مهم دیگر این است که پیام های مکتوب و شفاهی صادره از سوی مسئولین و روابط عمومی ها باید هماهنگ باشند و همدیگر را نقض نکنند.

پس شرکت ها و سازمان هایی که در دپارتمان روابط عمومی این کار را به درستی انجام می دهند، عملاً در ارائه اخبار و اطلاعات و چگونکی تولید محتوا به ما به عنوان مجری اجرایی ایده می دهند.

شما باید بهترین دیدگاه ها را ارائه دهید

به خاطر داشته باشید که محتوای روزنامه ها و مجلات چیزی بیش از محتویات آگهی ها نیست. از دید تجاری، نشریات اصولاً به دنبال مطالب و مقاله های جذاب و جالبی هستند که بتوانند توجه خوانندگان را جلب نمایند. پس با این استراتژی و موفقیت در جلب مخاطب حتما روزنه ای هم برای توجه به تبلیغات و آگهی گشوده خواهد شد و بنابراین مردم آگهی‌های تبلیغاتی را هم خواهند خواند. فراموش نکنید که در طراحی یک آگهی استفاده از عکاسی با کیفیت بالا و طراحی گرافیکی یک آگهی با رعایت اصول دقیق و کامل گرافیک ، بسیار تأثیر گذار خواهد بود. بدیهی است که به کارگیری طرح های گرافیکی ممکن است هزینه بالایی داشته باشد و به همین دلیل است که اغلب شرکت ها ترجیح می دهند در آگهی های تبلیغاتی خودشان از عکس استفاده کنند و کمتر به گرافیک و طراحی توجه نشان می دهند. طبیعی است که با توجه هب رشد و توسعه طراحی و نوآوری در گرافیک ،اینگونه شرکت ها کمتر فرصت استفاده مؤثر از تبلیغات را پیدا خواهند کرد و بیش از آنکه تبلیغاتشان نتیجه گرا باشد فقط اتلاف هزینه کرده اند .

نتایج بدست آمده از برنامه های روابط عمومی همیشه قابل پیش بینی نیستند

این نکته برای شرکت ها وحشت آور است. اگر شما در ابتدای امر منحصر به فرد ظاهر شوید اما در نحوه ی اجرای برنامه های تبلیغاتی و ارسال مطالب برای رسانه ها و حوزه فرهنگ سازمانی و توانمندی منابع انسانی خود،آگاهی نداشته باشید در کارتان موفق نخواهید بود .

اغلب مواقع ما کمتر به موضوع انتشار اخبار و اطلاع رسانی توجه می کنیم و عمدتاً به تبلیغ مستقیم و اگهی ها توجه نشان می دهیم .
اما می توانیم کار را دوباره شروع کنیم. شما متن تبلیغاتی زیادی را روی جلد یک مجله نخواهید دید، اما این امکان وجود دارد که تیتر خبر های زیادی را در جلد مجله ببینید که یک یا چند تیتر می تواند مربوط به اخبار شرکت شما باشد .

نتیجه نهایی آنجاست

مقایسه جنبه هایی از برنامه روابط عمومی در مقایسه با تبلیغات، تفاوت هایی را نشان داده است. تجربه نشان می دهد برنامه روابط عمومی معمولاً نتیجه گرا بوده و در هر زمان موفق نشان داده است.

به این مثال توجه کنید:

. هزینه یک صفحه آگهی در یک روزنامه سراسری صبح نسبتاً خوب چیزی حدود ۶تا ۱۰ میلیون تومان است و در صورت تشخیص و انتخاب درست نشریه و درج اگهی در صفحه ای خوب ما می توانیم امیدوار باشیم که با توزیع و فروش نشریه و رسیدن آن به دست مخاطبان، متن آگهی ما نیز خوانده خواهد شد .
اما نتشار یک رپرتاژ خوب همراه با تصاویر مناسب یا یک گزارش خبری با جاذبه های تبلیغاتی ،در حدود نصف این مبلغ و در مواردی کمتر آن ، هزینه در بر خواهد داشت و ممکن است با پرداخت این رقم شما بتوانید صفحات بیشتری را نیز به خود

اختصاص دهید و با رعایت مسئولیت های اجتماعی و توجه به جامعه به عنوان ذی نفع،بتوانید مطالبی را که قصد دارید به خوانندگان خود منتقل کنید را در قالب یک مقاله ،گزارش و یا رپرتاژ،به صورت هوشمندانه و غیر مستقیم منتشر کنید .

پس ارزش یک مطلب در نشریه می تواند بیشتر باشد . مردم مطالب یک نشریه را بسته به نوع دیدگاه و سلیقه خود اغلب به صورت کامل و دقیق میخوانند اما در مقابل به بخش های تبلیغاتی نشریات به صورت سطحی و گذرا نگاه می اندازند و به ندرت روی یک آگهی تمرکز می کنند و به بررسی و سنجش محتوای آن می پردازند . ما همچنین به مطالب ارائه شده در نشریات نسبت به آگهی ها،اعتماد بیشتری داریم.

به عقیده ی من برنامه های تأثیر گذار حوزه روابط عمومی نظیر تبلیغات غیر مستقیم و تولید و انتشار محتوا ،نسبت به تبلیغات مستقیم و درج آگهی از ارزش و تأثیر گذاری بیشتری برخوردار است چرا که هم مخاطب بیشتر آن را می پذیرد و باور دارد و هم به در بطن خود به فرهنگسازی نیز می پردازد.

در پایان این اصل باید روی این نکته صحه بگذارم که تبلیغات جایگاه و نقش خاص خود را دارد و نباید نسبت به آن بی توجه بود ،تاکید اصلی من روی این نکته است که در کنار تبلیغات به موضوع روابط عمومی،تولید محتوا و انتشار آن در غالب روابط عمومی و تبلیغات غیر مستقیم توجه کرد .

اصل سوم- برند هایی که در کانون توجه بوده اند ، توانمندتر ظاهر می‌شوند

یکی از اهداف ارائه یک برند توانمند ،خلق یک مفهوم ماندگار است . برای آنکه این مفهوم در ذهن مردم ماندگار باشد ،نیازمند آن است که به مفهوم اصلی مطلب پی ببریم. تحقق چنین مسأله ایی مستلزم ارائه برندی با چنین ویژگی هایی است :

- تاثیر گذار
- کوتاه
- مترکز بر مفهوم اصلی

پرسش این است که شما این کار را چگونه انجام می دهید؟

برند مورد نظرتان را تعریف کنید

لیستی را جهت توصیف توانمندی های شرکتتان تهیه کنید و برای مثال به این پرسش ها پاسخ دهید :

- آیا شرکت شما گسترده است و یا محدود کار می کند؟
- روابط دوستانه دارد و یا غیر دوستانه عمل می کند؟

- پر هزینه و گران است و یا اقتصادی و ارزان کار می کند؟
- ماندگار است و یا برای مدت کوتاهی کار می کند؟
- در سطح محلی،ملی و یا بین المللی کار می کند؟
- رنگ مطلوب سازمانی آن چه رنگی است ؟

با پاسخ به این پرسش ها ،شما عقیده ی مورد نظر را خواهید فهمید.تهیه لیستی از توانایی ها ، تعریفی برای برند مورد نظر ارائه می دهد. برای مخاطبین باید ابتدا تعریفی را برای برند نوشت . هدف این کار استفاده از آن به عنوان عامل سنجش در ابزارها و استراتژی های بازاریابی است. در هر سازمانی که بیش از یک تصمیم گیرنده وجود دارد، علایق شخصی اغلب در امر بازاریابی کارآمد ،تأثیر خواهد گذاشت. برای اجتناب از این مشکل ،هنگامی که به ارائه موضوعاتی در امر بازاریابی برای مشتریان و مخاطبین می پردازیم ، باید سوالات زیر را بپرسیم: آیا این مسأله کیفیت برای برند شما تعیین کننده است؟ پاسخ به چنین سؤالی می تواند شروع خوبی برای تصمیمات بهتر در امر بازاریابی باشد.

اگر شما زمانی را به این کار اختصاص دهید؟ احتمالا شما با لیست بزرگی مواجه خواهید شد. پس سعی کنید آن را کوتاه کنید. کدام یک از این توصیفات می توانند برند شما را به شیوه ی بهتری نسبت به رقبا یتان تعریف کنند؟ اگر کلید موفقیت در امر فست فود موقعیت باشد ، کلید موفقیت در امر برندینگ متفاوت بودن است. بنابراین چه چیزی باعث می شود که شما از رقیبانتان متمایز شوید؟

متفاوت بودن بهتر است

هنگامی که جوان تر بودم آماری را مطالعه می کردم که طی آن از مردم خواسته شده بود که گوینده ی ورزشی محبوب و غیر محبوب شان را نام ببرند. عادل فردوسی پور در هر دو لیست موجود بود. به چه دلیل؟ به این دلیل که او از هر شخص دیگری متمایز بود و مردم او را به یاد می آوردند.

حالا به شرکت اپل و کار بزرگ استیو جابز و بازگشت او به شرکت در سال ۱۹۹۶ توجه کنید. در آن زمان، محصولات اپل نسبت به دیگر کامپیوترهای خانگی در بازار تفاوت زیادی نداشت. جابز چه کاری انجام داد؟ او طرح های قدیمی و تکراری را کنار گذاشت و به ارائه طرح هایی با جذابیت بالا، طراحی جدید وبا تنوع رنگ پرداخت. برخی از مردم فکر می کردند که این طرح های ارائه شده جالب نیستند اما در مقابل بسیاری از مردم و رسانه ها درباره محصولات جدید اپل مطالب فراوانی به نیکی نوشتند. مهمتر از آن، هر شخصی می دانست که این محصولات جدید از شرکت اپل منشا گرفته بود. به این ترتیب چنین کامپیوترهایی با تفاوت زیاد به صورت غیر مستقیم، باعث اعتبار بخشیدن به شرکت شد.

متفاوت عمل کردن و تمرکز بر کار می تواند بهتر باشد

آیا از اصول شرکت K.I.S.S. چیزی شنیده اید؟ فرد دلوکا کار جالبی انجام داده است. او تنها به ارائه یک نوع ساندویچ پرداخته است. هووارد شولتز کافی شاپی ساخته است که فقط قهوه عرضه می کند. چارلز لازاروس مالک فروشگاهی است که سوپر مارکت کودکان نام دارد و تنها دو نوع محصول می فروشد یکی اسباب

بازی و دیگری لوازم کودکان. بعدها او لوازم کودکان را از محصولاتش حذف کرد. این سه فرد مطرح در امر تجارت که بر محصولات تک کیفیتی تمرکز کرده بودند، توانستند به سه برند مشهور دست یابند :

- Subway
- Starbucks
- Toys "R" Us®

به منظور آسان کردن کارها برای افراد،لازم است که موارد غیر ضروری را نادیده بگیریم. پس از آن ، شما به راحتی به تجارت خواهید پرداخت و می دانید که این کار را بهتر از هر شخص دیگر انجام خواهید داد. درست است ؟شاید شما بتوانید . برای تعریف جایگاهی ماندگار از یک برند در ذهن مشتریان ، نیازمند تمرکز بر مفهوم برندینگ هستیم و نیازی به آشفته کردن ذهن نخواهیم داشت.

در دو شیوه ارائه شده نیازمند تمرکز زیادی نیستیم. این امر زمانی اتفاق می افتد که شرکت هایی تأسیس شوند که ندانند چه محصولات و خدماتی فروش بهتری خواهند داشت و یا شرکت هایی تأسیس شوند که متمرکز بوده و سعی می کنند بخشی از فروشگاه را به هرکاری اختصاص دهند. در هر دو مورد ، این عدم تمرکز باعث خواهد شد که آنها ورشکست شوند یا نتیجه مطلوبی نگیرند.

با ورود به عرصه جدید در تجارت ،همیشه ترس از شکست وجود خواهد داشت و این نکته که بخواهیم همه سرمایه را در یک بخش سرمایه گذاری کنیم،مطلوب به نظر نمی رسد. تنوع بخشیدن به کار مطمئن تر خواهد بود، اما ریسک بالایی نیز خواهد داشت. پس بهتر است که توجه تان را از مرکز کانونی برندتان دور کرده و به

خود برند توجه کنید. لازم است که شما در ذهن مشتریان جایگاهی داشته باشید .بدیهی است که با ارائه پیام های پراکنده به این امر دست نخواهید یافت.

در یک تجارت با ثبات، تنوع گرایی استراتژی مطلوبی جهت ارائه یک برند نخواهد بود. در واقع این امر به ساخت برندی با کیفیت پائین تر می انجامد. برای مثال می توان به بررسی مورد جگوار پرداخت .برند جگوار سال هاست برای تولید خودرویی با مشخصات کیفی خاص به کار رگفته می شود و تولیدات کارخانه خودروسازی با این برند ،موارد کاملا مشخص است .

شرکت مایکروسافت در چند سال اخیر با برند خود بازی های کامپیوتری نیز عرضه کرده است .بر اساس استدلال ارائه شده، این تلاش ها به تقویت برند منجر نخواهد شد .

با این حال اگر شما بخواهید با تنوع گرایی فروشتان را افزایش دهید ، بهتر است که از ساخت برند های متفاوت اجتناب کنید.برای مثال با ارتقای برند های لکسوس و دیوالت برای بازار های مصرف و مخاطبین سطح بالای علاقمند به تویوتا ، بلک و دکر از صحنه رقابت خداحافظی کردند. برای برند جگوار، اگرچه می توان فروش کوتاه مدت در نظر گرفت اما آیا این امر آنقدر بزرگ و مهم هست که بتواند برند جگوار را در دراز مدت از صحنه ی رقابت حذف کند؟

این مسأله ترغیبمان می کند متفاوت باشیم و به این مفهوم است که برای موفق تر شدن چه کاری می توان انجام داد.

حالا دوباره به لیست پرسش های مطرح شده برگردید. کدامیک از آن پرسش ها در لیست شما به بیشترین میزان تمرکز نیاز دارند؟ کدامیک از آن ها نسبت به صحنه

رقابتی شما متفاوت هستند؟ لیست پاسخ های کیفیتان به پرسش های ارائه شده را به ۵ مورد یا کمتر کاهش دهید.

اگر این کار را به درستی انجام دهید ، لیست نهایی ماهیت برند شما را شکل می دهد. بدیهی است که از جنبه هنر،یک شرکت خوب می تواند جهت برقراری ارتباط با برند شما در انتخاب واژگان و تصاویر به شما کمک کند اما موفقیت شما تا حد زیادی به توانمندی شما در متمرکز بودنتان وابسته است.

اصل چهارم - تنوع گرایی کلید مسأله است

مدتی قبل با یکی از مشتریان جلسه ایی حضور داشتیم. این شرکت به تولید و فروش یک سری از محصولات می پرداخت که در سطح بازارهای ملی و بین المللی به رقابت می پردازند.

ابتدا از فروشندگان حاضر دور میز پرسیدیم:

« چه چیزی این شرکت و محصولاتش را نسبت به رقبا متمایز می کند؟»

آنها به همدیگر نگاه کردند و گفتند:«هیچ چیز.»

پس از بحث طولانی به این نتیجه رسیدیم که هدف آنها تولید کالا است و در فروش، آنها بر اساس قیمت و موجودی کالا به رقابت می پرداختند. سپس دریافتیم که نقش ما در آنجا کمک برای یافتن راهی بود تا متفاوت عمل کنند.

در شرایط ایده آل، محصول و خدمات شما همان چیزی است که شما را از رقبا متمایز می کند. اینکه آیا این بهتر عمل می کند یا نه ،زیبا به نظر می رسد و یا راحت تر حرکت می کند ،فاکتور هایی هستند که شما را از رقبایتان متمایز می کنند.گاهی اوقات ، چنین تمایزاتی خیلی واضح نیستند و یا اصلا در روش کاربردی آن ارائه نمی شوند. پس بهتر است چه کاری انجام دهید؟

یک کالاتولید کنید

درست است ،یکی بسازید. این بدان مفهوم نیست که در مورد محصول یا خدمات دروغ بگویید. اما اگر شما وجه تمایز آشکاری ندارید ، به دنبال یک ویژگی باشید که متفاوت باشد و آن را به محصول و خدمات ضمیمه نمائید. بر اساس تجربه شخص، مثال بارز از چنین وجه تمایزی در بازار کالا، مرکب گنز است.

سال ها پیش، من در حرفه ی چاپ بودم و بسته بندی کالا برای من مسأله مهمی بود. در آن زمان خیلی ها معتقد بودند بسته بندی ،زیاد مهم نیست. به نظر می رسید که هیچ بسته ای نسبت به بسته دیگر برتری نداشت و آنچه مهم است محتوای جعبه است . برای مثال در بازار لباس مردانه ،جعبه های پیراهن ها تفاوت و تمایز اندکی با یکدیگر داشتند و مردم اغلب به جعبه محصولات توجه نداشتند . اما تولید کننده چطور می توانست به معرفی محصول خود بپردازد و درباره مزایای محصول خود با مشتری حرف بزند .

تولید کننده های آن زمان تنها به دوخت کوچکی از برند یا نشان تحاری خود روی یقه پیراهن اکتفا می کرند و از فضای بسیار مناسب روی جعبه های پیراهن غافل بودند .

در همان سال ها برندی با نام پیراهن آزادگان با نواوری و ارائه طرح های جدید جعبه وارد بازار شد و در کنار ایننوآوری ها و وجوه تمایز،از روش های تبلیغاتی متعارف نیز بهره گرفت و در کوتاه مدت نتیجه گرفت و خیلی از مردم در فروشگاه ها به دنبال پیدا کردن جعبه های پیراهن آزادگان بودند و این جعبه ها برایشان ذهنیتی مطلوب از پیراهن ایجاد کرد.

اگرچه در نهایت شرکت های بسیاری در همان زمان از پیراهن آزادگان تقلید کردند، اما در نزد افکار عمومی از آنها به عنوان مقلد یاد می شد. مردم فکر کردند که :

«اوه! نگاش کن! داره تلاش می کنه مثل پیراهن آزادگان باشه !»

این نکته اصل ۵ برندینگ (اولین مزایای برند) خودش را اثبات می کند.

مثال خیلی خوب دیگر ، تبلیغات کشمش کالیفرنیا طی چند سال گذشته است که به کنسرسیوم پرورش دهندگان انگور در کالیفرنیا مربوط است.این گروه برندی را جهت ارتقای محصولشان شکل داده اند و کشمش کالیفرنیا به وجود آمد. قبل از آنکه کشمش ها ، کشمش کنونی شوند، تبلیغات: " Heard it through the grapevine"،به طور خاص توانسته است نوع جدیدی از کشمش را در ذهنمان شکل دهد که بسیار موفق بوده است. بخش بازاریابی در محصول کشمش کالیفرنیا ، در حال حاضر جهت حمایت از برند، روی آخرین دستاوردها و مطالعات مستمر،

هنوز در حال کار کردن است. حالا اغلب مردم کالیفرنیا به عنوان مصرف کنندگان این محصول این احساس را دارند که کشمش کالیفرنیا تا حدی نسبت به محصولات دیگر متفاوت است.

اگر مساله ی دیگری مطرح نباشد، این مثال ها ثابت می کنند که می توان آموخت که ذهنیتتان محدود نخواهد شد. ذهنتان را باز کنید ،روشی را بیابید تا برجسته باشید.خودتان را بیازمائید،حتی اگر این کار ارتباطی با محصول شما نداشته باشد.حتی با کار در زمینه بازاریابی کالا، آنهایی که خودشان را در ذهن مشتریان شان متمایز می کنند، موفق تر خواهند بود.

اصل پنجم - مزیت اولین برند

چه چیزی باعث می شود یک شرکت و یا یک محصول به عنوان راهنمای فروش باشد؟به عبارت دیگر وقتی می خواهیم یک محصولی را خریداری کنیم چه چیزی باعث می شود برای اولین بار نام یک برند خاص به ذهنمان خطور کند ؟ به طور شگفت انگیزی، این کیفیت محصول و یا میزان بودجه فروشگاه نیست. اغلب «اولین بودن » در این زمینه مهم است . اولین در یک فروشگاه نه بلکه اولین در ذهنمان .

هیچ چیزی مانع اول بودنمان نمی شود

ریکا اولین برند مایع ظرفشویی ، آدامس خروس نشان اولین برند آدامس ، قو و بهار اولین های روغن نباتی ،بهروز اولین مورد سس مایونز و تیلنول، اولین برند از داروهای مسکن استامینوفن وکوکا اولین نوشیدنی کربن دار و پولاروید اولین تولید کننده دوربین های پیشرفته و فیلم مقاوم و فِدِکس، اولین کمپانی حمل و نقل کالای بسته بندی شبانه روزی در سرتاسر آمریکا بود.

این کمپانی ها و محصولاتشان در ذهنمان جاهگاه اول را دارند. در واقع برخی از افراد بعضی از چیزها را برای اولین بار اختراع کرده اند، اما خیلی ها بعد ها این کار را انجام می دهند ولی در امر بازاریابی و در ذهن مشتریان نسبت به رقبایشان بهتر ظاهر می شوند.

ریکا اغلب تنها برند مایع ظرفشویی در میان برندهای معمولی آن در قفسه فروشگاه است. اگرچه ما از محتویات مشابه برند ریکا و برند معمولی دیگر مایع های ظرفشویی آگاهی داریم اما اغلب هزینه ی زیادتری را صرف یک مایع ظرفشویی ریکا می کنیم. اولین بودن در یک رده ،بسیار قدرتمند و تأثیر گذار است و اگر شرکت ها بخواهند از آن تأثیر بگیرند باید آن را مورد توجه قرار دهند.

فدکس مدلی برای ارسال کالا در روز بعد اختراع کرده است که در بسیاری از موارد در مفهوم ارسال کالا در روز بعد به کار می رود. مردم حتی این اسم را به جای فعل به کار می برند. برای مثال، "این بسته را فدکس کنید."

فدکس در تسخیر بازار اول بوده و ۳۰ سال پس از آن هنوزهم پیشگام است. کوکا برندی پیشگام بود و سهم زیادی را درمیزان فروش فروشگاه داشت.در حالی که پپسی اولین کار بزرگش را در "رقابت پپسی" در سال ۱۹۷۰ شروع کرد. عرصه رقابت چشمگیر پپسی در مجزا ساختن برند از مجموعه ، موفق بوده است ، اما کولا هنوز در آمریکا و در اطراف دنیا پپسی بهتر می فروشد.

اولی شما نیستید. حالا جایگاه شما کجاست؟

واضح است که هیچ شرکت یا محصولی نمی تواند اولی باشد. شما می پرسید بعد چه می شود؟خوب ، دومی خیلی قدیمی نیست.

با به پایان رسیدن زمان رقابت و بعد از رویارویی برندهای موجود در بازار معمولا تعداد کمی از برند ها و مثلا ۲ تا از برند های معروف در کورس رقابت اصلی قرار می گیرند و با فاصله زیادتری از دیگر برندها به رقابتشان با یکدیگر ادامه می دهند. پپسی به عنوان پیشگام در حیطه ی فروش قادر نخواهد بود که کوکا را از صحنه ی رقابت حذف کند، اما با شرکت کوکا رقابت می کند تا سهم شرکتشان را افزایش دهد و جایگاه دوم را در یک رده به خود اختصاص دهد. شاید مک دونالد غذاهایی به سبک فست فود عرضه کرده باشد ، اما ساب وی سبک غذای فست فود سالم را ارائه کرده است.

آیا شما در مرتبه ی یازدهم قرار دارید؟

برای شرکت ها و محصولاتی که در جایگاه اول نیستند و جایگاه واضحی را در رتبه دوم نیز ندارند، گزینه ی دیگری وجود دارد : زیر مجموعه دیگری بسازید ودر آن زیر مجموعه اول شوید.مثال هایی وجود دارد از اینکه چگونه برند های بزرگ تر در یک مجموعه فرعی اول می شوند:

- در یک طبقه بندی بزرگ از مُسکن ها تیلنول اول شده است.
- در یک طبقه بندی بزرگ از نوشیدنی ها به صورت بطری یا قوطی، کوکا نوشیدنی کربن دارکولا است.

- شرکت UPS دربازار حمل بسته های پستی، حرف اول را می زند و شرکت اکسپرس فدرال بسته ها را شب هنگام ارسال می کند.
- کوداک در فیلم عکاسی و پولاروید در فیلم فوری پیشگام است.

اخیرا در عرصه تبلیغات ملی در مقیاس بالا به شیوه هایی برخورده ایم. اگر طی چند سال گذشته هر نوع برنامه تلویزیونی را تماشا کرده باشید، احتمالا با تبلیغات بیلبورد مترو مواجه شده اید. هنگامی که برای اولین بار در صحنه تجارت در یکی از ایستگاه های مترو خارج از کشور چنین تبلیغاتی را دیدم که تمرکز آن بر روی شخص مسخره ایی بود که با خوردن در مترو سعی در کاهش وزن داشت ، فکر کردم که آنها واقعا مسخره هستند. آنها هیچ تلاشی را در رسیدن به کمال نداشتند واین بیلبورد مسخره هم منبعی از جوک برای بچه های کم سن و سال بود. بعد از چند لحظه قدم زدن در مترو من با دوستانم در فروشگاه بودیم. ما در محوطه ی غذاخوری در این فکر بودیم که چه نوع فست فودی را برای خوردن انتخاب کنیم. یکی از دوستان گفت:"بیائید غذای سالمی بخوریم، یعنی همان تبلیغ مترو"

در آن لحظه دریافتم که آن تبلیغات قدیمی و نخ نما شده چه حرکت فوق العاده ایی بود. مترو در لیست بازار فست فود در رتبه پائینی قرار داشت و حتی یک دسته بندی جدیدی ابداع کرد و هدفش ایجاد فست فود سالم بود و خودش در این مرحله سرگروه شد و از نظر تعداد شعب در سطح جهانی، از مک دونالد پیشی گرفت.

به هر طریق باید دریابید که چگونه اول یا دوم شوید . خودتان را ارتقا دهید. شما باید بازار را گسترش دهید و با این کار جایگاه شما در اوج، در امان خواهد بود.

اصل ششم – از برندهای فرعی به هرقیمتی اجتناب کنید

ساده ترین روش برای از بین بردن یک برند آن است که اسمش را روی هر چیزی بگذارید.

اَل و لورا رایس در کتابشان با عنوان «۲۲ قانون تغییر ناپذیر برندینگ» مطالب زیر را ارائه داده اند:

یکی از اشتباهات متداولی که متخصصان بازاریابی مرتکب می شوند این است که به برند های فرعی برای تولید محصول و یا خدمات زیاد اطمینان می کنند. اغلب این کار به عنوان توسعه در نظر گرفته می شود. این استراتژی در بازاریابی نه تنهادر ایجاد بازار برای محصول و یا خدمات جدید شکست خورده است،بلکه در نتیجه

آن برند اصلی نیز متضرر شده است. به این دلیل که شما ممکن است زیربرندها در هر جایی ببینید و ممکن است این مطلب شما را شگفت زده کند.

مدت ها پیش کوکا محصولاتی مانند کوکای رژیمی، کوکا با طعم گیلاس، کوکای جدید و کوکای وانیلی را عرضه می کرد. شرکت سون آپ ، محصولات سون آپ رژیمی، سون آپ با طعم گیلاس و سون آپ طلایی را عرضه می کرد. عرضه محصولات شب هنگام شرکت فد کس با ارسال زمینی این شرکت توسط کینکو فد کس صورت می گرفت . یونایتد ایرلاین با یونایتد اکسپرس همراه بوده است. هر چند این کمپانی ها در معرفی برندهای فرعی موفق بودند، اما به اشتباه نباید فکر کرد که این همان راهی است که باید رفت. در این بازار شکست امری معمول و مرسوم است و به ندرت می توان موفق بود.

هنگامی که محققان موفقیت و شکست استراتژی های یک یک برند فرعی را مطالعه کرده بودند، دریافتند که موفقیت یک برند فرعی معمولاً با کاهش موفقیت برند اصلی میسر خواهد شد و در نهایت افزایش سود فروش اغلب صفر و یا پایین تر از صفر است. یعنی با کاهش میزان فروش برند اصلی ، فروش برند های فرعی جای آن را پر می کند و در نهایت اتفاق جالب توجهی رخ نمی دهد.

پس چرا بازاریاب های موفق و با هوش هنوز هم چنین اشتباه ساده ای را باز هم مرتکب می شوند ؟پاسخ آسان است . به دلیل منطق اشتباه.

برای پیشرفت در آینده به موفقیت های گذشته استناد نکنید

به این دلیل که شما برند قدرتمندی را خلق کرده اید و وفاداری مشتری را جلب کرده اید محصول و یا خدمات موفقی دارید ، اعتماد مشتریان به محصول شما جلب شده است. استراتژی برند فرعی (در نظریه) این است که با استفاده از برند موفق شما ، می توان محصول جدیدی را به بازار عرضه کرد.

بدین شیوه شما می توانید توانمند عمل کنید. به عقیده بازاریاب ها مردم برند اصلی را می شناسند و به برند های فرعی جدید اعتماد می کنند. تنها مشکل این است که یک برند جدید با محصول جدید همراه است. برندهای فرعی معمولا در ابتدا از شناخته بودن برندهای اصلی سود می برند. در ابتدا اعتماد مشتری به سمت برندهای فرعی هم انتقال می یابد. مشکل اینجاست که هدف برندینگ خلق هویت استثنایی و ویژه‌ایی است که مردم بتوانند در ذهنشان آن را با محصول یا خدمات مرتبط سازند. این همان چیزی است که برندهای خوب انجام می دهند. استفاده از یک برند فرعی نه تنها تمرکز بر برند اصلی شما را تضعیف می کند(چون خیلی خاص نیست) ،بلکه این برند جدید هرگز این شانس را ندارد که هویت تثبیت شده متمرکزی داشته باشد.(هرگز خاص نیست).

برای ساختن یک برند قدرتمند راه میانبری وجود ندارد

شما در این مسیر نمی توانید راه میانبر بروید .ساختن یک برند بزرگ سخت است و هزینه زیادی خواهد داشت.

جنرال میلز صاحب رستوران های زنجیره ایی غذاهای دریایی به نام «رد لابستر» است . او می خواست موفقیتش را با رستوران های غذای ایتالیایی مجددا تکرار کند. برند جدید چیست؟ رد لابستر ایتالیایی؟ مسخره بهنظرر می رسد. اما اگر کسی مشابه این کار را انجام دهد ، غافلگیر نخواهیم شد. خوشبختانه بازاریاب ها زرنگ تر هستند و برندینگ را می فهمند و «الیوگاردن» را می سازند.

مثال های دیگر کدامند؟ ماشین های مجلل از شرکت تویوتا : لکسوس.مدل های قبلی بلک و دکر که بسیار قدرتمند بودند:دی والت. پس برند های قدرتمند و بزرگ خصوصیات متمایزی دارند و خصوصیات بارزی از چیزهای دیگر نیستند.

شجاعت

مرحوم استیو جابز به عنوان عالی رتبه ترین مسئول اداری در شرکت اپل ، یکی از محبوب ترین سازندگان برندبود و به همین دلیل او در نظر عموم هنوز هم موفق است. چرا؟ به این دلیل که او اهل ریسک کردن بود. متفاوت باشید و همه چیز را تغییر دهید. جابز کامپیوتر های لیزا را ساخته بود و با وجود عدم موفقیت اش در بین مردم ، آن را روی جلد مجله ی تایم چاپ کرده بود.او زمان زیادی را به کارش اختصاص می داد.او اپل و مکینتاش را اختراع کرده بود که دو نسخه ی اصلی iMac و iPod بودند. جابز می دانست که منحصر به فرد بودن در دست داشتن کلید بخشی از صنعت است. به عقیده من اغلب عدم وجود شجاعت در بسیاری از همکارانمان دلیل اصلی عرضه برند های فرعی در بازار است. هر شخصی به دنبال روش مطمئنی است تا آن را انتخاب کند و این روش بسیار شبیه انتخاب روشی برای زندگی است .اما چنین روشی در بازاریابی به این اندازه مطمئن نیست.

اصل هفتم – تفاوت برداشت ذهنی در مقابل کیفیت ارائه شده

«ما به بازاریابی نیازی نداریم.»

« این محصول کیفیت خوبی دارد و به خوبی به فروش می رسد. »

چند بار این جملات و چیزهایی شبیه به آن را شنیده اید؟ چقدر به آن اعتقاد دارید؟ هر روزه ، خریدارانی مثل من و شما در مورد کیفیت محصولات قضاوت می کنند. اما کدامیک از قضاوت هایمان بر اساس کیفیت واقعی محصولات است؟ هیچ کدام. متأسفم. همه ی این قضاوت ها در مورد کیفیت محصولات نیست. در واقع این برداشت ذهنی از کیفیت محصول ارائه شده است.

این یک برند خوب است و ارزش بیشتری خواهد داشت

بهار سال گذشته من و همکارانم در گلخانه مشغول انتخاب گل ها و گیاهانی برای دفتر کار جدیدمان بودیم. در یک لحظه خودم را در بین تعدادی از گیاهانی دیدم که در سبدم قرار داده بودم و این چنین ارزیابی کردم که آنها خیلی خوب رشد می

کنند و سالم به نظر می رسند. نکته ی جالب توجه این بود که تفاوت آنها با بقیه ی گیاهان ،در گلدان های پلاستیکی آنها و تصویر برند حاوی اسم گلخانه و شعار تبلیغاتی ارائه شده روی گلدان ها بود.ارائه طراحی گرافیکی و استفاده از طرح چاپی ساده ، صنعتی و تک رنگ کار بسیار جالبی بود.

«اینها گیاهان سالم تر و بهتری خواهند بود »

و من به عنوان مدیر بازاریابی و برندینگ در آن شرکت فوراً به این نتیجه رسیدم که :« این ها گیاهان سالم تر و بهتری هستند.»

نسبت به گیاهان مشابه گران ترند در حالی که احتمالا بهتر نیستند ، تمام آن چیزی که من به آن فکر می کردم این بود که:

«آنها تنها برای من و همکارانم بهترین بودند.»

واکنش معمول در قبال چنین پاسخی نشان دهنده این است که برندینگ در کل به چه مفهومی است. برندینگ شما را به عنوان محصول منحصر به فرد در ذهن مشتریانتان مجزا خواهد کرد .بنابراین شما با ارزش و پسندیده خواهید بود. همچنین دلیلی است که بسیاری از شرکت ها برندهای متفاوتی را برای محصول مشابه ارائه می دهند. آنها همچنین می دانند کسانی هستند که هزینه هایی را برای بسته هایی که زیبا طراحی شده اند،می پردازند و احساس می کنند که این ها نشانه کیفیت و شرایط بهتر هستند. برای مثال شما چقدر هزینه بیشتری برای اسم برند از داروی موجود در قفسه می پردازید؟ پاسخ این است که ۲۵ درصد بیشتر! اکثرمان می دانیم که آن محصول مشابه فقط در بسته بندی متفاوت است ، اما با این حال هزینه اضافی را برای اسم برند خواهیم پرداخت.

اگر چیز شگفت انگیزی وجود نداشته باشد، بی ارزش خواهد بود

مدت ها پیش، در یک خرده فروشی قدم می زدم و به دنبال پیدا کردن جعبه ابزاری بودم. هنگامی که بخش جعبه ابزار را پیدا کردم، در بین قطعات دنبال چیزی می گشتم تا بتوانم با آن نیازم را مرتفع سازم. برخی از آنها خیلی کوچک و برخی دیگر خیلی بزرگ بودند، بنابراین فوراً آنها را به دو بخش از جعبه ابزار متوسط تقسیم کردم. یک بخش ابزار فلزی و بخش دیگر شامل ابزار پلاستیکی مخصوص کارهای سنگین بود. خیلی سریع به این نتیجه رسیدم که لوازم فلزی ظاهر خوبی ندارند و از آنجایی که قیمت آنها مشابه بود، ابزارهای پلاستیکی را برداشتم و به بخش صندوق رفتم.

چند لحظه صبر کردم. چرا چنین تصمیمی گرفتم؟ دوباره واقع گرایانه به ابزار فلزی نگاه کردم. به این دلیل که آنها از فلز ساخته شده بودند، با دوام هستند. در گوشه ی پایینی جعبه می توانستم لبه های آهن را، که به هم محکم متصل شده بودند، ببینم. در آن لحظه حقیقت بر من آشکار شد. از آنجایی که می توانستم نشان دهم که جعبه ابزار چگونه ساخته شده است، فرض می کردم که کیفیت آن پایین باشد.

پس به چیزهایی فکر کنید که فرض می کنید کیفیت بالایی دارند. می توانید نشان دهید که آنها چگونه ساخته شده اند؟ به یک ماشین زیبا نگاه کنید و بدون آنکه کاپوت آنرا باز کنید، پیچ یا نحوه اتصالات سرپیچ را به من نشان بدهید. به تصویر داخلی یک خانه زیبا نگاه کنید: دیوارهای یکپارچه و سطح صاف آن را به چیزی شگفت انگیز تبدیل کرده است. پس بیشتر از زیبایی، ارائه محصول شگفت انگیز نیز به بازاریابی برای جلب مشتری کمک خواهد کرد.

کیفیت خدمات است نه کیفیت محصول

بارها و بارها کار بازاریابی که ما برای مشتریان مان انجام می دهیم، نتایج خوبی داشته است.

ما به مطالعه برند می پردازیم تا برداشت های ذهنی مشتریان و محصولات ارائه شده را بهتر بفهمیم. وقتی از مشتریان درخواست می شود که کیفیت محصول را بسنجند ، آنها اغلب رتبه بالایی به محصول می دهند. اما هنگامی که از آنها درباره حسشان سوال می شود ، آنها داستان هایی در مورد خدمات ارائه شده علاوه بر خود محصول، تعریف می کنند. حقیقت آن است که بسیاری از خریداران محصولات کیفیت آنچه را که می خرند با نحوه عملکردشان می سنجند.

در حدود یک سال قبل ما چنین بررسی را با مشتریان پاناسونیک که عرضه کننده گران ترین دستگاه های ضبط صوت در آن زمان بود ،انجام دادیم. ما دریافتیم که این کمپانی در بین مشتریانش بسیار مشهور شده است. وقتی که از آنها پرسیدیم چرا، آنها کیفیت این شرکت را بسیار بالا ارزیابی کردند . اکثرشان به شیوه برخورد کارمندان واحد پشتیبانی و فروش با آنها و نه فقط به کیفیت محصولات، اشاره کردند. تعداد کمی از مشتریان حتی در مورد زمانی که این شرکت دچار مشکل شده بود نیز صحبت کردند و اشاره داشتند که کمپانی به منظور بهتر کردن شرایط در مقابل مسائل گذشته صبور بوده است. این همان تجربه ایی است که رابطه آنها را بهتر می کند و موجب جلب اعتماد مشتریان می شود.

شرکت کامپیوتری دل این مطلب را به خوبی درک کرده است. قضاوت مردم در مورد محصولات شرکت نشاندهنده کیفیت بالای آن است. واقعیت آن است که آنها به تلفن ها پاسخ می دهند و بهتر از هر کس دیگری به مردم توجه می کنند.

اگر هزینه بالا باشد ، کیفیت بالایی را هم تضمین می کند

اغلب برچسب قیمت، نقش اصلی را در درک کیفیت برعهده دارد. ما بسیار مایلیم که هزینه هر چیز را به ارزشی که بر آن می گذاریم ،نسبت دهیم و قضاوتمان از کیفیت آنها ممکن است بر اساس فاکتور های دیگر تغییر یابد، اما قیمت واقعی عامل مهم و تأثیر گذار در درک مفهوم کیفیت است.

به عقیده من برخی از مدل های بی .ام .دبلیو ماشین های زشت و بی نهایت گرانی هستند اما به عنوان اتومبیل هایی با کیفیت بالا در در ذهن مردم جای گرفته اند. این غیر ممکن است که بخواهیم ارزش محصول را از قیمت واقعی آن در ذهنمان جدا کنیم. بلافاصله فکر می کنیم که ارزان بودن نشاندهنده کیفیت بد محصول و گران بودن نشاندهنده کیفیت بالای محصول است. اکثر بازاریاب ها و فروشنده ها مایل نیستند که محصول شان با برندی پر هزینه عرضه شود.

در واقع این مسأله مشکلی برای فروش محسوب می شود. اما پس از آن ،آیا مفهوم یک برند با توجه به "کیفیت متوسط یا ضعیف " می تواند مشکل تلقی شود؟ البته. هنگامی که به مرحله انتخاب می رسیم، برخی از مردم همیشه ارزان ترین را انتخاب می کنند، برخی نیز همیشه گزینه ایی با میزان متوسط هزینه را انتخاب می کنند و همیشه خریدارانی هستند که به دنبال کیفیت هستند و هزینه بالایی می پردازند.

رسیدن به موفقیت در طولانی مدت خیلی دور از ذهن نیست

لطفا من را به اشتباه نیندازید. من فریب دادن افکار را نمی پسندم. ظاهر هر چیز کل آن نیست. برای موفقیت در ماندگاریتان و حقیقی جلوه کردن ، درک ذهنی از کیفیت، بازتابی خواهد بود از کیفیت واقعی شما.ک

لید داشتن یک برند خوب عبارت است از ترویج کیفیت های مهمی که عملاً به وسیله خریداران و استفاده کنندگان محصول تجربه شده است. اگر شما محصول با کیفیت می فروشید ، هتر است که کیفیت واقعی را عرضه کنید.

اصل هشتم- استوار و صبور باشید

با گفتن واژه ی " جو پرک شده" چه چیزی به ذهن خطور می کند؟ یک بسته بندی مکعب مستطیل شکل؟ شاید. غذای سالم؟ شاید. اما به احتمال زیاد هنگامی که این واژه را می گوییم، شما تصویر ظاهری آقای یک بسته سبز رنگ با عکس یک کاسه سوپ و تصویر جوهای پرک شده کنار آن را همراه با بهترین برندش مجسم خواهید کرد.

داستان کواکر این را برای ما یادآوری می کند که صبور باشیم چرا که ساختن یک برند زمان بر است اما ارزش آن را دارد. کواکردر سال ۱۸۷۷ اولین علامت تجاری را برای سیریال (مواد غله ایی) صبحانه در آمریکا ثبت کرد. به طور قابل توجهی، علامت تجاری در قالب تصویر مردی در Quake grab توسط دایره ی ثبت اختراعات آمریکا ثبت شد. در آن زمان تصویر ارائه شده شکل تمام نمای شخص بود و در آن شخص کواکر قابل شناسایی بود.

در سال ۱۹۱۵ بسته بندی استوانه ایی شکل کواکر و در سال ۱۹۴۶ تصویر خندان کواکر به عنوان علامت تجاری جدید برای شرکت کواکر اوتس معرفی شد و سرانجام در سال ۱۹۵۷ هنرپیشه ی مشهور شیکاگو تصویر ارائه شده در سال ۱۹۴۶ را

به روز کرد و تصویر تمام رنگی را برای کواکر ارائه داد که در حال حاضر آن را روی بسته بندی های جدید می بینیم.
در مورد آن فکر کنید. در طول ۱۲۵ سالی که آنها برند را طراحی کرده بودند، کواکر تنها اندکی مفهوم برند ش را تغییر داده است. با سالم بودن ، جو دوسر و غذای صبحانه شروع شد و هنوز هم این گونه استو اندکی در اصول ظاهری برندش تغییر داده است ، در طی ۱۲۴ سال و نه در طی ۵۰ سال.
بسته بندی پفک نمکی یا بیشکوییت ساقه طلایی یا پتی بور مینو نیز مثال هایی از همین مورد در ایران است .

بدانید که در چه جایگاهی هستید و آن را ثبت کنید

شما باید جایگاه برند و مزایای محصول یا خدمات را بشناسید تا بتوانید پیام آنرا به فروشگاه ها انتقال دهید. اغلب با تغییر پرسنل تغییر دیدگاه نیز بوجود می آید. این عقاید جدید می تواند یک برند خوب را نابود کند.آیا شما راهنمایی برای ارائه سبک شرکت دارید؟آیا کیفیت های برند شما نوشته شده اند؟ اگر بخواهید هدفمند کار کنید و پیام ثابتی را به فروشگاه ها ارائه دهید ،لازم است که نام برند مورد نظر را در یک سازمان ثبت کنید. در غیر این صورت هنگامی که پرسنل را تغییر می دهید ،بدون شک برند تان نیز تغییر خواهد کرد. مردم می خواهند خودشان نمادی بسازند و برایشان اهمیتی ندارد که چقدر در آن توانمند هستند و این کار باعث تغییر در شکل و هدف برند می شود. با ارائه یک برند ،اغلب تغییر صورت گرفته خوب نیست.متمرکز بودن و پایداری یک برند کلید موفقیت در طولانی مدت است.

خسته نشوید

مردم اغلب فراموش می کنند که هیچ کس در دنیا به غیر از خودشان به برند یا مارک لوگوی آنها ،آنگونه که هستند، توجه نمی کند. من دریافته ام که خلاقیت بیشتر در ارائه یک برند اغلب موجب ارائه یک لوگوی موفق نیز می شود. در نمایش برندتان بسیار مصصم باشید. ارائه یک تصویر ناقص اما پایدار، بسیار بهتر از تصاویر ارائه شده متغییر با کیفیت است. باید یک چیز خراب شده واقعاً ارزش تعمیر را داشته باشد.

شهر پورتلند مثال خوبی است. بسیاری پورتلند را به عنوان شهر رزها می شناسند. از ارائه این شعار تبلیغاتی مدت زمان زیادی نمی گذرد. در اواخر سال ۱۹۹۰مدیر اجرایی شهر با ارائه برند جدید آن را « *شهری که کار می کند* » نامید. بسیاری از نمایندگان شهر اگرچه باید آن را بپذیرند اما در جایگاه برند این جابجایی مطلوب نبوده است. نه این شعار و نه شعار « ***شهر رُزها*** » نمی تواند در ذهن برخی از افراد ماندگار شود، به این دلیل که از تبلیغ آنها مدت زیادی نمی گذرد.اغلب فهمیده ام که شرکت ها و سازمان هایی که در نمایش یک برند از خودشان تمایلی نشان نمی دهند،از افرادی تبعیت می کنند که خودشان را خلاق فرض نمی کنند. مدیران ارشد و رؤسای کل، برنامه نویسان و تولیدکنندگان با پیش زمینه هایی از علوم مهندسی ، خیلی تمایل ندارند مردم را ترغیب کنند که ظاهر برندشان را تغییر دهند.اغلب مدیران ارشد و رؤسای کل در جایگاه طراحان و فروشندگان از این کار خسته شده اند و خواستار تغییرات ماهانه هستند.

در سازمان شما برند راهنما کدام است؟

اگر شما برند خوش نامی داشته باشید و آن را ثبت کرده باشید، چه کسی کارگذار یا متولی آن خواهد بود؟در هر سازمان کوچک یا بزرگی، شخصی باید مسئولیت

حفظ و نگهداری برند را بر عهده داشته باشد. در هر سازمانی افراد توانمندی وجود دارند که با استفاده از روش های خلاق و جدید در طراحی لوگوی شرکت ، بازار فروش خلاقی را نیز شکل دهند.آنها باید صبر کنند.

ممکن است افرادی وجود داشته باشند که بگویند:

- «فونت آن خوب نیست.»
- «رنگ آن جالب نیست.»
- «علامت برند در زمینه آن بسیار بزرگ است.»
- «چیزی که ما می خواهیم نیست.»
- «تمرکز آن اشتباه است.»

هنگامی که مدیران فدکس تصمیم گرفته بودند که فدکس گروند (تغییر اندکی در رنگ های آن) و فدکس کینکوس را ارتقا دهند ، مسئولین حفظ و نگهداری برند کجا بود؟

خواه مسئول حفظ و نگهداری برند در داخل سازمان و یا در خارج آن باشد، شخصی وجود دارد که می خواهد صحبت کند و بگوید :« نه این درست نیست.» شخصی این قدرت را دارد که مردم را از عدم برقراری ارتباط با برند مورد نظر باز دارد. این همیشه کار خوشایندی نیست اما مانند کار ویرایش، امری لازم است.

ایجاد یک برند زمان بر خواهد بود

آیا فکر نکرده اید که طی ۱۲۵ سال گذشته در کواکر اوتس، شخص بزرگی بخواهد کار متفاوتی انجام دهد؟ به چند طریق می توانید با وجود این شخص از کواکر خلاق باشید؟راه حل: تعداد کمی از محصولات جدید دیگری را انتخاب کنید و به بازاریاب ها بدهید تا برای آنها کاری انجام دهند.

اصل نهم- تعریفی از برند تان ارائه دهید

با وجود تغییر مدیران بازاریابی، پرسنل و یا بنگاه های تبلیغاتی، برند شما باید ماندگار باشد. هر گونه تغییری باعث تضعیف جایگاه شما در ذهن مشتریان می شود. بنابر این سؤال این است: با وجود تحولات رخ داده در اجرای پروژه شرکت، چگونه برند تان را در صدر نگه می دارید؟

پاسخ ساده است: آنرا یادداشت کنید و مورد استفاده قرار دهید.

پیش از این گفتیک که چگونه کواکر در ۱۰۰ سال گذشته تصویر اصلی روی بسته های محصولاتش را تنها دو بار تغییر داده است. با این دستاورد شگفت انگیز، ارائه تصویری برای آمریکایی ها و برندهای اطرافشان، در تحقق این عامل ثبات، نقش

زیادی دارد. دقیقاً مطمئن نیستیم که کواکر چگونه مدیریت می شود تا پابرجا باشد، اما حالا می دانیم که در قبال مشتریانمان چگونه این کار را انجام دهیم. کلید این کار آن است که تعریفی از برندتان ارائه دهید و توصیفات را در شرکتتان مورد استفاده قرار دهید.

تعریف برند نوشته شده چیست؟

بسیاری فکر می کنند که تعریف یک برند نوشته شده، بیانیه مأموریت و یا بیانیه چشم انداز است که نسبت به این تعریف، متفاوت و اغلب قدرتمندتر است. برای مثال در ادامه بیانیه مأموریتی معمولی ارائه شده است:

«شرکت *EHR* به عنوان تامین کننده خدمات به صورت تمام وقت *t* در بخش تامین منابع انسانی است که در ماه ژوئن ۱۹۸۷ تأسیس شده است. ما به عنوان بخش بزرگی از خانواده ی *XYZ* با بیش از ۱۰۰ اداره هستیم. ما در انجام امور مشتریان و طرفدارانمان متعهد شده ایم که بالاترین حد استاندارد را برای درستی کار، برتری، راندمان کاری و نحوه عملکردمان ارائه دهیم. مأموریت ما این است که در تشخیص، کیفیت بخشی و ارائه قریحه عالی برای مشتریانمان بهترین باشیم، در حالی که کار داوطلبانمان را ارتقا می بخشیم.»

بعد از قرار دادن این مطلب در وب سایت، این ابزار چقدر می توانند ارزشمند باشند؟

تعریف یک برند برای شرکت بر اساس اصول معینی کار می کند. این نکته نه تنها به تعریف آنچه که باید انجام دهیم بلکه به تعریف این می پردازند که شرکت دقیقا کجاست و در چه جایگاهی می خواهد خودش را معرفی کند.

تعریف یک برند برای شرکت مشابه یاد شده ،که در بالا بیانه مأموریت آن را مطالعه کردید، ممکن است اینگونه باشد :

• مشاور کاریابی(موسسه مدیریت نیروی جدید)

• پر هزینه است

• کار با آن ساده، دوستانه و لذت بخش است

• مراقبت های سفارشی و شخصی دارد

• معتبر و مجاز است و جایزه می دهد

• در فلوریدا بنیان نهاده شده است، اما بخشی از شبکه ی جهانی است

• به صنایع خاصی اختصاص داده شده است(خدمات بهداشتی درمانی، نرم افزار، مهندسی و امور مالی)

• ارائه تمامی خدمات

تصمیم گیری آسان تر می شود

هنگامی که شما یک تعریف نوشته شده از یک برند دارید رویداد مهم دیگری اتفاق می‌افتد که عبارت است از اینکه شما معیارهای زیادی دارید تا بر اساس آن تصمیم گیری کنید. من بازاریاب ها و بخش کاری ضعیف شان را دیده ام ، به این

دلیل که تصمیمات آنان بر اساس سلایق شخصی آنان است. مردم خواهند گفت:«مطمئن نیستیم که رنگ آبی تیره رنگ مورد علاقه ی ما باشد» به این دلیل که با توجه به سلایق آنان، آبی رنگ مورد علاقه آنها نیست. تعریف نوشته شده برند، امتحانی برای آن است. آیا این رنگ کیفیت های برند شما را به خوبی ارائه می دهد؟

در مثالی که در بالا نشان داده شده است، به این دلیل که آبی تیره نشان دهنده محافظه کاری و جدیت است، جز رنگ های اصلی نخواهد بود. ما باید به دنبال رنگ های گرم تری باشیم که نشاندهنده کیفیت بالا و خوبی هستند.

این همه چیز در مورد برند شما است. اگر نوشته نشود و بدون تصمیم آگاهانه در مورد آن همه چیز تغییر خواهد کرد.هنگامی که شما تعریفی از برند نوشته شده داشته باشید، نیازمند آن هستید که به بخشی از ارتباطات بازاریابی شرکت ،که برندتان را عرضه می کند، توجه کنید.

راهنمایی کردن به شیوه تصویری

با نوشتن سبک و جزئیات، استفاده از مارک های برندتان را کنترل کنید(مارک های شرکت و محصولات را). شرکتتان چه کوچک و چه بزرگ ،نیازمند روش هایی برای راهنمایی است. اگر شما یکی از آنها را ندارید از بخش کوچکتر شروع کنید. لوگوی رسمی و توصیف تکنیکی از رنگ های شرکت تان ارائه دهید. زمان مورد نیاز را ،که گروه طراحی گرافیکی شما نیاز دارند تا این ها را با هم تلفیق کنند، تعیین کنید.

با پیشرفت شرکت و پردازش تصاویر برندینگ،وجود راهنمایی مکتوب و کامل لازم می نماید. با در نظر گرفتن هر شیوه ایی در سبک عکاسی و برای کنترل جلوی فروشگاه و تجهیزات داخلی و برای لباس مردم و ظاهرشان در اداره و یا در نمایش تجاری ، همه بخش های ارتباطی، برند شما هستند. بخشی از برند شما دیداری است. ارزش آن را پائین نیاورید، آن را کنترل و مدیریت کنید.

شیوه راهنمای نوشتاری

این امر برای برند همانند چیزهای دیگر است. همه ادبیات شرکت شما از مطالب بازاریابی تا نسخه ی تبلیغاتی و یادداشت های داخلی یک اداره، نشان می دهند که شما به عنوان یک شرکت چه ویژگی هایی دارید و چه هستید؟و در بین آنها باید ماندگار باشید. برای اکثر شرکت ها کافیست که به یکی از کتب راهنما رجوع کنند تا یک سبک راهنمای داخلی کوچکتر و معمول تر برای نشریه شرکت ایجاد کنند و این ،به طور معمول مستلزم ارائه طرحی استاندارد برای مدارک گوناگون شرکت است.

چه کسی محافظ برند شما است؟

هنگامی که همه اینها بیان و اجرا می شوند، نگهداری یک برند واضح و متمرکز،مشکل است.نه تنها شما نیاز دارید که قوانین را یادداشت کنید، بلکه باید همانطور که قبلاً ذکر شد ، نگهبانی برای برند تعیین کنید.

اگر شما قصد دارید زمانی را برای نوشتن قوانین اختصاص دهید باید شخصی را با این قدرت در نظر بگیرید که در صورت نقض قوانین با آنها برخورد کند. من ضمانت می کنم که در غیر اینصورت تمرکزتان را از دست خواهید داد و برندتان ضعیف تر خواهد شد. ما این نقش را بر عهده مشتریانمان می گذاریم و دیگران آن را بر عهده افرادی می گذارند که از بین خودشان انتخاب شده اند.

آیا فکر نکرده اید که زمانی در ۱۰۰ سال پیش شخصی در شرکت کواکر از شکل خود کواکر خسته شده باشد و بخواهد آن را تغییر دهد؟ کسانی یا چیز هایی هستند که او را از خدشه دار کردن برند منع می کنند.

در کار برندینگ آنها خوب عمل کرده اند ، به عقیده ی من این را باید یادداشت کرد. این همان هویت قدرتمند است که هر شرکتی باید به آن توجه کند. برندتان را تعریف کنید و آنرا یادداشت و تقویت کنید.

به دنبال یافتن چیزی بیشتر از برندتان باشید

باید به بسیاری از شرکت ها کمک کرد تا تلاششان را در امر بازاریابی با استفاده از اصول برند افزایش دهند. به منظور کاربرد آن اصول، هر شرکتی باید بداند که کیست و چیست. بنابراین آنها می توانند پیام ماندگاری را ارائه دهند. این مطلب برای سازمان های جدید و سازمان هایی که به درستی بنا شده اند،قابل استفاده است. در حالی که در سطح تئوری ، مطالعات برند چه کوچک و در بخش داخلی و چه بزرگ و مطالعات بر مبنای اصل مشتری مداری ،تقریباً همیشه نتایج شگفت انگیزی

را به دنبال داشته است. تعداد کمی از شرکت ها آنها را پیش بینی می کنند اما همیشه از آن قدردانی کرده و به نیکی یاد می کنند .

مسأله را شخصی نکنید

درطی سال ها با بسیاری از مالکان شرکت ها، مدیران، فروشندگان و کسانی که در طراحی تبلیغات و بروشور بر اساس سلیقه شخصی شان تصمیم گیرنده بودند، کار کرده ام. در مناظرات صورت گرفته در سطح طراحی رنگ ها و در طرح بندی یک برند و در نهایت در ابداع طرحی ترکیبی ،زمان زیادی را صرف می کردم و پیامی که ابداع می شد برندشان را ناپایدار و نامناسب می ساخت. برای حل این مشکل، آنها را ترغیب کردم در آنچه که از ما می خواهند در طراحی مان ارائه کنیم ،واضح صحبت کنند.

انتخاب رنگ ها، نحوه طراحی و طرح بندی بسیار مهم است و باید به دقت مورد توجه قرار گیرد، این مطالب بر مبنای آن خواهد بود که آیا آنها پیام شرکت را انتقال می دهند و یا نه تنها اولویت آنها سلایق شخصی نبوده است.

این تکنیک آماده سازی خوب عمل می کند و برای ما این امکان را فراهم می آورد که کارمان را با بهترین کیفیت انجام دهیم و کار ماندگاری را برای مشتریان انجام دهیم:

« اجازه دهید که پیام را واضح ارائه دهیم.»

این مطلب را در زمان کوتاهی بیان کردم و :

« به نویسنده ها اجازه دهید که بنویسند و به طراحان اجازه دهید که طراحی کنند.»

ممکن است شما خودتان رنگ آبی را ترجیح ندهید ولی ممکن است به تبادل ماهیت محافظه کاری شرکت شما بپردازد. من زمانی کارم را با سازمان های بزرگ تر شروع کردم، که تصمیم گیرندگان زیادی داشت، دریافتم که متمرکز نگه داشتن آنها بر روی این پیام در قالب بندی پیام ها مهمتر است. مردم سلایق متفاوتی دارند. اما دریافتم که برای آنها این امکان وجود داشت بپذیرند که یک طرح خاص ، پیام آنها را به بهترین نحو ممکن انتقال می دهد.

برندتان را تعریف کنید

به نظر من ویژگی های یک برند می تواند به تعریف دقیق یک شرکت، محصول یا خدمات ،به همان طریقی که ممکن است شما فرزندتان را برای دوستتان توصیف می کنید، بپردازد. هنگامی که شما به فدکس فکر می کنید یعنی دارید به : حمل و نقل در روز بعد، حمل و نقل پر هزینه و تجارت حرفه ایی فکر می کنید.

در مورد استار باکس شما ممکن است به : قهوه، جو غیر عادی و موقعیت مکانی در هر گوشه ایی فکر کنید .

مشتریانمان را ترغیب می کنیم که این تعاریف برند را تعمیم دهند و از آنها به عنوان راهنمایی برای تصمیمات بازاریابی استفاده کنند. این یک وسیله خوب و خاص برای نگهداری شرکت های جدید در مسیر کار است. شرکت های با ثبات نیز باید این کار را انجام دهند و نباید متوقف شوند. آنها همچنین باید به مشتریان شان توجه کنند تا ببینند که چگونه آنها در بازار مورد توجه قرار گرفته اند.

بررسی های یک برند بیشتر از یک وسیله بازاریابی است

بررسی های برند به ما اجازه می دهد که با مشتری هایمان صحبت کنیم و از آنها سؤالات اصلی را بپرسیم و بفهمیم که تجربه واقعی آنها چیست.

ما بعد از مدت ها تجاربی را مشابه این ها به دست آورده ایم:

مشتری ما وادارمان می کند که به مطالعه برند مشتری مدار بپردازیم. در طول این روند، با برخی از مشتریان اصلی آنها مصاحبه کرده و نسخه هایی از مکالمات آنان ارائه داده ایم. ما این مکالمات را خلاصه کرده و آن را در غالب یک لیست ارائه دادیم:

«آنها در مورد چه چیزی هستند؟»

پاسخ: یک طرح اولیه از تعریف برند.

سپس با مشتریانمان جلسه ایی داشته ایم و گاهی نیز یافته هایمان را به کل شرکت ارائه داده و تعریف برند را با آنها ترمیم کردیم.

در طول این کار، زمانی را صرف سؤالاتی می کردیم که مصاحبه ما را تحت پوشش قرار می دادند از جمله: چرا اکثر مشتریان وفادارتان، شما را دوست دارند؟ شما به چه چیزهای آنان اهمیت نمی دهید؟

سپس ما پاسخ های دریافتی را مورد بحث قرار دادیم. ممکن است ملال آور به نظر برسد، اما هرگز اینطور نبود. در نهایت، اینها صحبت های مشتریان آنها از طریق ما بود. همیشه چیزی هست که کلاً دیگران را متعجب می سازد. اغلب آن چیزی است که مشتریان آنها به آن اهمیت نمی دهند، در حالی که مشتری ما فکر می کند که

آنها واقعاً مهم هستند. مواقع دیگر مشتریان آنها به ما گفته اند که آنها بیشتر از آنچه که می پرداختند باید بپردازند، اما مشتریان ما فکر می کنند که آنها گران هستند. زمانی ما از طریق نتایج مصاحبه کار کرده بودیم. ما به آنها کمی در مورد برندیگ آموزش دادیم و سپس به تعریف ارائه شده از برند در مصاحبه ها پرداختیم. ما پرسیدیم: این همان چیزی است که شما هستید؟ این همان چیزی است که شما می خواهید باشید؟ و ما تعریف برند را تغییر دادیم تا به توافق کلی برسیم. اگر ما کارمان را انجام دهیم، با یک لیست بسیار ساده ایی از ویژگی های برند آغاز می کنیم تا آنها را از بازارهای خود کنار بگذارند.

و اینجاست که یک اتفاق حیرت انگیزی رخ می دهد. ما سؤالات زیر را از گروه می پرسیم:

اینها ویژگی هایی است که ما برای ترویج برند شما استفاده می کنیم. ابتدا ما نیاز داریم که مطمئن باشیم که برند هر زمان این ویژگی ها را ارائه می دهد. آیا این اتفاق می افتد؟

با این نکته هر کسی در این اتاق در مورد اینکه چگونه نقش آنها برانقال تجربه ی برند بر مشتریان تاثیر می گذارد، فکر می کند. مردم در مورد مشکلاتی که دارند، فکر می کنند. سپس آشکار می شود که گروه چه هدفی دارد:« ارائه ی تجارب برند.»

ما افرادی را با موضوعات درون سازمانی دیده ایم که با یکدیگر کار می کنند، برای اینکه آنها فهمیده اند که این موضوع باعث ارائه مؤثر تجربه به مشتریان می

شود. ما اعضای یک جامعه را دیده ایم که در یک شهر کوچک از پروژه های خودشان می گذرند تا از برند جامعه حمایت کرده باشند.

آنها سازمان های مشتری مدار شده اند

مردم می توانند ایده های همکارانشان را، رؤسایشان را و حتی مدیران کل خودشان را نپذیرند، اما آنان واقعیت تجربه مشتری شان را می پذیرند. یک شرکت ممکن است بهترین چیز را در دنیا بسازد،اما اگر مشتریانشان اینچنین فکر نکنند، واکنش آنها چه خواهد بود؟

آنها به سرعت می پذیرند که اشتباه کرده اند و شروع به بررسی آنچه که باید انجام دهند می کنند. ایجاد یک برند قدرتمند برای کنترل به اندازه کافی محکم و قوی تجربه مشتری، محدودیت هایی را بر رفتار فردی می طلبد. مقررات و شیوه های راهنمایی وجود دارند که مردم باید از آنها پیروی کنند. به منظور مشابه سازی تجربه از یک مشتری به مشتری دیگر شیوه هایی وجود دارد تا از آنها تبعیت کنیم. مردم اغلب در مورد این کنترل مقاومت نشان می دهند.

اما در یک سازمان مشتری مدار، همه می فهمند که تجربه مشتری واقعی است و همه باید به آن گوش دهند. تجربه ما این است که یک بحث آزاد برندینگ در درون یک سازمان می تواند شیوه ایی قدرتمند برای تمرکز در مشتریان باشد.اگر قرار است تجربه برند تان را ارائه دهید،این اتفاق باید در درون سازمان شما بیافتد.

I0430871

فهرست منابع:

۱.اصول بازاریابی فیلیپ کاتلر ، گری آسترانگ

۲. مدیریت راهبردی نام تجاری ژان نوئل کاپفرر

۳. کسب و کار نام تجاری جان میلر و دیوید موئیر

۴. کتاب برندسازی در بازار خدمات مالی- تألیف دکتر مجیدرضا داوری و علی سلیمانی بشلی- انتشارات رسا

۵. سایت خبرگزاری برندهای ایران(ویوان نیوز)

۶. The Nine Principles of Branding - Supplemental Information for the Branding -Essentials Workshop- Written By | Greg Stine

۷. www.brandingstrategyinsider.cpm

۸. www.marketingprofs.com